ホツマ 日本の歴史物語 2

建国の秘密

池田 満

装丁　池田満

ホツマ 日本の歴史物語 2

建国の秘密

目次

序 『ホツマツタヱ』の伝来 …… 7
1 季節と方角のとらえ方 …… 33
2 天体の理解、大宇宙の始まり …… 47
3 国家のなりそめの頃 …… 59

4 「二の ココロ」の真実 ・・・・・・ 73
5 ヤマトコトハのミチ ・・・・・・ 87
6 国家の発展の頃 ・・・・・・・・ 103
7 縄文から弥生へ ・・・・・・・・ 127
8 「アワウタ」から「ツツウタ」まで 137
9 「縄文建国」からの展望 ・・・・ 151
あとがき ・・・・・・・・ 158

序　ホツマツタヱの伝来

『ホツマツタヱ』や『ミカサフミ』『カクのミハタ（『フトマニ』など）』を総称して、「ヲシテ文献」あるいは「ヲシテ（Woshite）」と呼びます。

従来の「ホツマ」の言葉だけでは、全体が包括されていないので問題でした。そこでヲシテ文献の名称の普及を唱えています。『ホツマツタヱ』は『ミカサフミ』とともに、『古事記』や『日本書紀』にと漢字翻訳される前の原書であることは、『定本（ていほん）ホツマツタヱ―『古事記』『日本書紀』との対比―』（池田満、展望社）で証明しています。『古事記』『日本書紀』の原書であることが重要な意味を持っています。

ヲシテ（Woshite）の素晴らしさ

『ホツマツタヱ』や『ミカサフミ』『カクのミハタ（『フトマニ』など）』によくぞ、出会えて巡り会えたものです。奇跡の出来事です。『古事記』の原書に、不思議な縁あってわたくしも巡り会えました。偶然に早くめぐり出会えて、しあわせです。アマテルカミの御言葉を目にすることが出来るのです。もう５０年になります。

この、５０年。うれしい日々の事々を思い出します。もちろん、数々の辛(つら)い辛い経験も経ています。でも、辛い経験の数々を、そこに織り重ねても、差し引きしましたら幸福感が否応なくあふれます。

ヲシテ文献の、概要に触れておきましょう。

『ホツマツタヱ』と『ミカサフミ』と『カクのミハタ（『フトマニ』など）』を総称して「ヲシテ」くわしくは「ヲシテ文献」と呼びます。漢字渡来の前に使用されていたわが国の独自の文字は「ヲシテ」と呼ばれていましたからです。

初めてお聞きになる言葉であるかも知れません。「ヲシテ」とは多くのお方には初耳でしょう。ところが意外なことですが、「ヲシテ」の言葉は、平安時代の漢和辞典にも記載されていました。ちゃんと、典拠は平安時代にも遡れます。インチキやたぶらかしでは御座いません。

平安時代の『類聚名義抄(るいじゅみょうぎしょう)』は漢和辞典です。１２世紀の初めの頃には成立していたと考えられています。立派な辞典です。今現代に辞書の区別で表すならば、漢和辞典です。

このこと、平安時代の漢和辞典に「ヲシテ」「オシテ」の言葉があることは驚愕の事実です。普通には、全く知られてもいない「ヲシテ」「オシテ」の言葉が、ちゃんと平安時代の漢和辞典にヤマトコトバとして「王印」とか「天子印」の意味にして記載がされていたのです。アダやウソではないです。要するに、平安時代の漢和辞典に「ヲシテ」や、また「オシテ」のヤマトコトバが記載されていた事実があります。「王印」あるいは「天子印」の意味に、正しく記されていた事実を直視したいです。

すごいことですね。「偽書」か、と思われていた、『ホツマツタヱ』などヲシテ文献に使われている「ヲシテ」のその名称が、平安時代の漢和辞典にも収録されていたのです。驚愕のトピックです。何しろ、漢字以前にわが国には文字は無かったと、『古語拾遺』で斎部弘成（いんべのひろなり）が書いているのでした。よく考えると、斎部弘成の認識が問題でした。彼は誤認していたのです。知らなかったのです。それは仕方ないことでもありました。何百年も前に忘れ去られたヲシテ文字ですから。斎部弘成も知らなかったのも無理はありません。仮に知っていたとしても、すでに、漢字国字化の為された後の時代では、漢字漢文の読み書きこそが学問と思われていました。今にしても同様です。英語を話せること読み書きできることが国際人の証しであるかの様にわざわざ日本語を英語に置き換えて得々としている人も多いです。

ですが、漢和辞典の『類聚名義抄』には、特にヤマトコトバが豊富に掲載されていていました。本当の国風の復興の兆しをのせる漢和辞典です。ちょうど、藤原定家の活躍した時代のあたりです。和歌の再興期にも、時代を同じくします。この漢和辞典の『類聚名義抄』は法相宗（奈良の興福寺や薬師寺が中心）の僧侶が編集したと目されていま す。藤原家に近いです。つまり、アマノコヤネさんのご子孫の家に近いわけです。アマノコヤネの子孫にあたる、藤原定家は、その『類聚名義抄』の編著者と直接行き来があったかどうか？　これは不明です。でも時代は同じころです。藤原定家は興福寺に親戚の僧侶もいましたので、ひょっとしたら、辞書の編者と袖のすれ違い程度には出会いがあったこともあるかも知れません。こういった詳しい事情を探るのも、これからの新国史の樹立に向けた新しい切り口のテーマです。

『類聚名義抄』の法中15に「ヲシテ」の言葉が出ています。2行目の下の方です。漢字

琥 上虎
境 於景反 玉名
璽瑠 上流 ミリアク
琵琶 毗婆二上 谷ミ ヒハ
玏 谷玏字
瓆璅璅瓆瓆
瑱瑱 谷
瓓 上諫

琉 谷
瓅 可在下 郎的反 珠名 或瓅
瑠 正 琉 谷
琵琶 歩也反 樂器 日絃 琵—
瓔 上嬰 ヤウ 谷亻系
五谷 鈿字 田佃二上
玉瑱 タマノミミ
玩 谷 抗字 上元 平

琥珀 虎伯二上 谷上 クハク
璽 上從 信、對、書ッ 王印、シルシ
琊瑯 上谷 下正 上留 石有光
瑇瑁 代妹二上流 玉又 毒冒二上
瓔 谷 欬
珂 口何反 貝、馬脳、 ミヽカ子 禾力
琜瑠 谷 塯字 丁果反
玻瓈 谷 祇夜字 上夜

琖 戠盞 三正 側産反
瑠璃 流離二上 リウ 谷ミ ルリ
玏 力計反 瓥甲力飾 又力知反 又力地反
珞 上洛 瓔—
瑱 顛 二正 他見反 耳 飾 上鎮 ミヽフサ
珂 上迴
玟 谷 鉸字 上教

文献になってからの初出の典拠です。前のページに掲げた全体画像では見にくいので、拡大しましょう。右は、法中15の「璽」の漢字の意味を解説した個所です。天皇陛下が署名捺印なさいます場合の御名御璽（ぎょめいぎょじ）の「璽」の漢字です。下部分が「玉」に作られた漢字の解説です。訓読は「ヲシテ」のヤマトコトバであることとして、意味は王印だと解説しています。『類聚名義抄（るいじゅみょうぎしょう）』は、僧侶が作った漢和辞典ですから、今風なら「上中下」と分けるところを「仏法僧」として3区分していました。

『類聚名義抄』の法中65にも、「オシテ」として記載されています。こちらは「璽」の漢字についての解説です。下部分が「玉」ではなくて「土」に作られた漢字の解説です。訓読のヤマトコトバは「オシテ」であることと、意味は天子印として説明しています。『ホツマツタヱ』などヲシテ文献にも、「ヲシテ」も「オシテ」も、バリエーション的に使い分けられていて、同じような意味で使われています。バリエーションの使い分けは、「[ヲシテ文字]（ヲシテ）」がアマカミや朝廷に近い場合で、臣下に近い場合は「[ヲシテ文字]（オシテ）」と言うように一歩遠慮しての使い分けです。

『類聚名義抄』の「璽」や「壐」の漢字の解説文は、ヲシテ文献での「ヲシテ」の意味合いを良く残している典拠と言えます。ヲシテ文献にはアマテルカミの御言葉が記されていて、ミクサタカラの授与のミコトノリ（『ホツマツタヱ』11アヤ）もくわしく記載されているのです。「ヲシテ　タマワル」と言う表現も数多く出典しています。（『記紀原書ヲシテ増補版』行数番号、21507, 21934, 23819, 25176, 25656, 26955, 27760）

ヲシテの言葉を、王印や天子印として表現するのは適切でありまして、よくぞ残っていたものです。これも、奇跡のひとつです。

西暦の1100年ごろ、『類聚名義抄』の編集された時代、つまり藤原定家の活躍していた時代に「ヲシテ」「オシテ」の言葉は、王印や天子印の意味としての言葉で存在していたのです。

漢字国字化が為された人皇15代の応神天皇の時代のころから約６００年を経ても、名称だけでもよくぞ残っていたものです。

ヲシテ文献の現状

現代発見は、松本善之助先生が昭和41年（1966）から開始なさいました。写本の発見は『ホツマツタヱ』の３アヤ分を古書店で入手なさった事から始まります。その後に、松本善之助先生は、全国を巡り巡られて、４０アヤの全巻の『ホツマツタヱ』を発見なさいました。翌年の昭和42年（1967）の事でした。昭和48年（1973）には、『ミカサフミ』も『フトマニ』も発見されました。『ホツマツタヱ』などヲシテ文献の発見のくわしい経緯については、『ホツマツタヱ発見物語』（松本善之助著、池田 満編、展望社）にてご覧頂けます。手に汗を握るほどのドキュメントの物語です。まさに、現代でのシュリーマンさながらの驚愕の大発見の物語です。

ヲシテ文献の現代発見のそれから、約５０年、わたくし（池田 満）は、師の松本善之助先生のおこころざしを真面目に継いでまいりました。わかり易いように説く技術も少しは、学んでまいりましたが、まだまだでございます。「偽書」説におとしめる風潮もいまだに払拭し得てもいませんのが、不徳の致すところです。

そういう成り行きが現在ですので、世間にはまだまともに知られていないままです。『ホツマツタヱ』などヲシテ文献は何回読み直しをしても、記述の内容は奥が深いので、決まり切った解釈のこともまだ無いのです。定訓（ていくん）(みんなが納得できる読み方)をどう作って定まってゆくか？　これもまだまだ、これからです。

ですからさらに、楽しいのです。

歴史を遡り、歴史の本当の真相を探り、わが「縄文建国」の秘密を自分の発見で知り得るからです。６０００年にも遡るほどの「縄文建国」の秘密が、これから先の長い未来の幸せを私たちにもたらしてくれます。それが『ホツマツタヱ』などヲシテ文献の役割です。だから、笑顔になります。

たのしい、この時間。本物の古典に向き合う時間。

やっと、わたくしたちは本物を見付けることになりました。

ホツマツタヱの価値、「帝紀」「旧辞」

『ホツマツタヱ』や『ミカサフミ』は『古事記』『日本書紀』の原書です。原文をくわしく比較対比しますと明らかになります。『定本(ていほん)ホツマツタヱ　―『日本書紀』『古事記』との比較―』（池田満、展望社）を出版して公表しております。（左のページ参照）

『古事記』の序文に言う「帝紀」や「旧辞」が『ホツマツタヱ』であり、『ミカサフミ』であり、『カクのミハタ（『フトマニ』など）』に相当します。

『ホツマツタヱ』も『ミカサフミ』も十二代の景行天皇（ヲシロワケのアマキミ）の時代に、最終の編集がなされた書物です。５・７調の長歌のしらべに綴られた長大な著作です。日本の国のなりそめから景行天皇の５６年の時までの出来事が記されています。今から約１６００年前の景行天皇の時代、さらにそれから前の約４０００年間の歴史です。

『ホツマツタヱ』『ミカサフミ』の他にも、『カクのミハタ（『フトマニ』など）』もあります。総称してヲシテ文献と呼びます。

基本となるのが、『ホツマツタヱ』です。「ヨヨのヲキテ」と、アマノコヤネさんが讃えています。（『ホツマツタヱ』０-２１、20083）すなわち、『ホツマツタヱ』は、『古

←『定本ホツマツタヱ』（池田満、展望社）

〔29アヤ〕

ヒニムカフ　アメニサカエバ
29-21 シリゾキテ　カミオマツリテ
ヒノマヽニ　オソハンアダモ
ヤブレント　ミナシカリトテ
ヤヲエヒク　アダモセマラス
29-22 ミツキユク　チヌノヤマキテ

安武内、弘
安、弘武内
安弘武、内
安、弘武内
安内、弘武

〔日本書紀〕

193 而向日征虜、此逆天道也。不若退還示弱、禮祭神祇、背負日神之威、隨影壓躡。如此則曾不血刃、虜必自敗矣。僉曰、然。於是令軍中曰、且停、勿復進。乃引軍還。虜亦不敢逼。却至草香津植盾而爲雄誥焉。雄誥、此云烏多鶏縻。因改號其津曰盾津。今云蓼津訛也。初孔舍衞之戰、有人隱於大樹而得免難、仍指其樹曰、恩如母。時人因號其地曰母木邑。今云飫悶廼奇訛也。五月丙寅朔癸酉、軍至茅渟山城水門。亦名山井水門。茅渟、此云智怒。時五瀨命矢瘡痛甚。乃撫劒而雄誥之曰、撫劒、此云都盧耆能多伽

〔古事記〕

向日而戰不良。故、負賤奴之痛手。自今者行廻而、背負日以擊期而、

150 ⑪² 爾取所入御船之楯而下立。故、號其地謂楯津。於今者云日下之蓼津也。

150 ⑪⁴ 自南方廻幸之時、到血沼海洗其御手之血。故、謂血沼海也。從其地廻幸、到紀國男之水門而

— 432 —

事記』『日本書紀』の原書である事。この重要な事実を理解し得るのは、『ホツマツタヱ』と『古事記』『日本書紀』との原文どおしの比較対比をしてみることです。出来れば、ご自身で比較対比をしてください。明瞭に明確にわかります。

面倒な場合は、17ページに掲げました、『定本ホツマツタヱ　―『日本書紀』『古事記』との比較―』（池田 満、展望社）を出版していますので、ご参照願います。

→皇居のとなりの国立公文書館の『ホツマツタヱ』写本（内閣文庫）

さて、本書の『ホツマ歴史物語』のシリーズでは、ややこしい証明作業は、そこそこにしたいと思います。微細に入る話はさておいて、『ホツマツタヱ』などヲシテ文献がどういうような伝来をしてきたのかにつきまして、簡潔に見てまいりましょう。詳細は、『ホツマツタヱを読み解く』（池田満、展望社）もご覧願います。

右のページに、『ホツマツタヱ』の写本の画像を掲げました。皇居のすぐそばの竹橋の国立公文書館に収められている『ホツマツタヱ』の写本です。日本国民なら、どなたでも見ることが出来ます。ご自分の手に取ってです。そうして、間近に手の上で拝見できます。一度、お近くに行かれた際に見学されてみてはどうでしょうか？　お勧めいたします。国立公文書館では、本物の御名御璽（ぎょめいぎょじ）を見ることもできます。お尋ねください。もちろん、入館は無料です。国民はちゃんと税金を払っていますから、国立公文書館の利用は無料です。遠慮して、行かない手はないです。

ホツマツタヱの伝来

『ホツマツタヱ』や『ミカサフミ』などもっと、伝来について、詳しく述べましょう。最も古い４０アヤ揃った写本は、平成4年（1992）に発見されました。次のページの画像がその和仁估安聡（わにこやすとし）写本の『ホツマツタヱ』です。和仁估安聡さんは、漢字文の直訳を付けていました。まさに、直訳の段階です。ヲシテ文字を読めない人がみると、漢訳直訳文にだけ目が向いてしまいます。漢字国字化時代の自虐的な悪習を引きずる結果になります。

原字のヲシテで読まないと、わが古典としての復活は、困難になります。例えば「壺若宮」だなんて、新たな漢字造語を創ると、時代性にも混乱を作るばかりです。間違った路線だとわたくしは考えます。

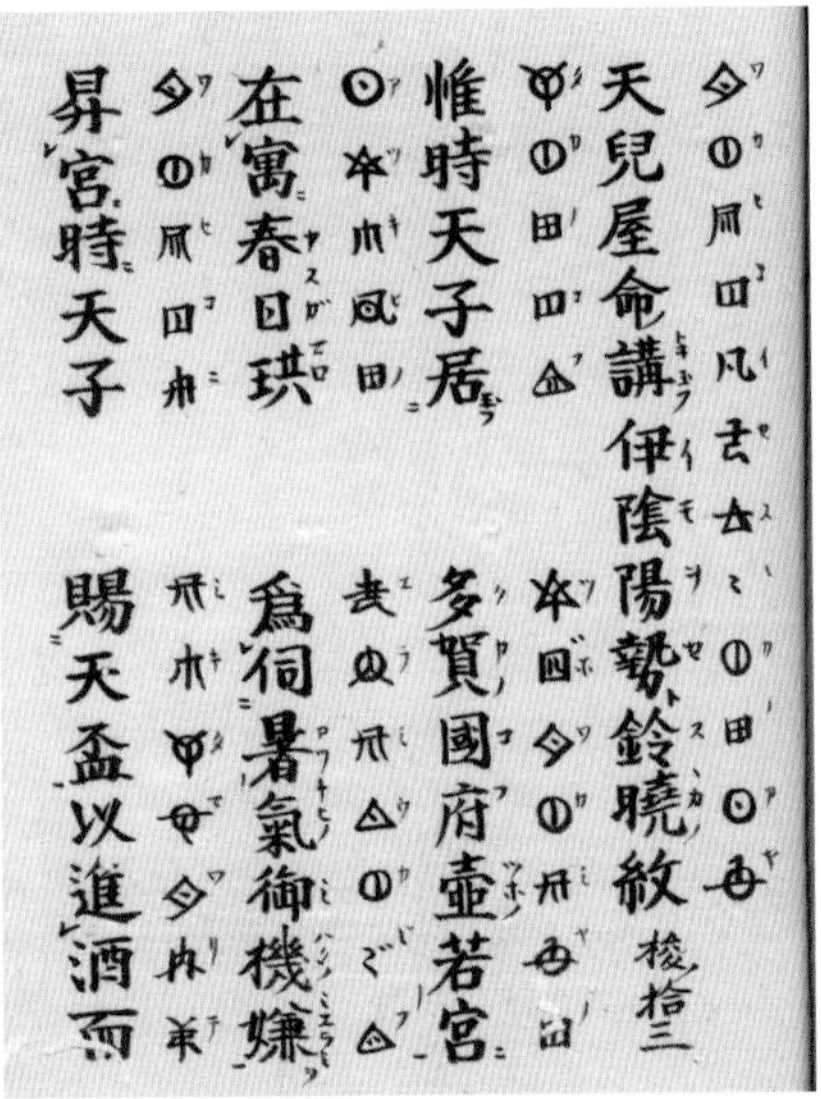

直訳の事はともかくとしまして、和仁估安聡（わにこやすとし）さんは、最古の完写本を残してくださいました。

この和仁估安聡写本は、滋賀県高島市安曇川町西万木（あどがわちょうにしゆるぎ）の日吉神社の神輿蔵から発見されました。発見されたのは、平成4年（1992）5月のことでした。

→最古の写本、和仁估安聡写本の『ホツマツタヱ』

発見者の井保孝夫さんから、松本善之助先生を通じてわたくしに連絡が入りました。

これは、一大発見です。待ち望んでいた、大発見です。取る物も取り敢えず、安曇川に参上しました。ところが、松本善之助先生は体調がすぐれないことでした。結局わたくし一人での対応になりました。新発見の写本を拝見して、驚きました。すごい写本で

→西万木の日吉神社

→西万木の日吉神社の神輿蔵

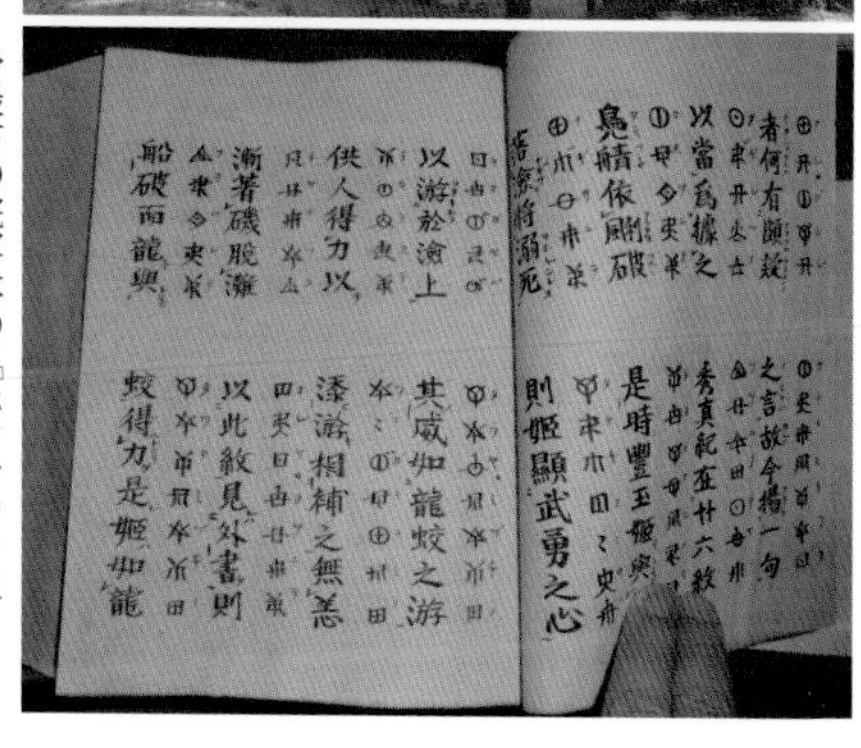

→最古の完写本の『ホツマツタヱ』

す。でも、虫食いが進んでいて、ページがくっ付いて開くことが出来ません。そういったところが何ページにもわたってありました。そこで、修理のために、預かることになりました。何しろ、ページを開かなくては、調査も研究も一歩も前には進み得ません。

預かって帰って、写本の修理の専門家にも当たってみましたが、忙しいことで、話にもなりません。また、復元の面で危惧を感じました。ヲシテの文字を読めない人に、修理を託して良いのかどうか？　極めて危険なことであると、気が付きました。虫食いで、ほんのちょっと欠けていて、判別に苦慮する文字の個所について、ヲシテ文字やヲシテ文献の文章に親しんでいる素養がない人が修理をすると、大切なところを、無残に捨て去る危惧があります。また、修理の費用の捻出の事も途方にくれました。自分でやるしかない。わたくしは腹を括りました。さあ、どうするか？　幸いなことにハタチごろの昔から嗜（したし）んでいましたお茶の官休庵（武者小路流）の師匠が、表具師を生業となさっておられました。何回か、掛け軸や扁額の表具をしてもらっていました。伝統の美術的な素養も、知らず知らずのうちに学ぶことが出来てきていたのかも知れません。そこで、お茶の師匠に相談しましたら、「自分でやればよい」と言うアドバイスでした。明治生まれのお方は、何かちょっと現代の常識には違う豁然たる雰囲気があるもので御座います。自立・自活についてゆるぎなき自信と言いますか、恬然（てんぜん）たる悟りに似た感覚があるように思えます。明治生まれのお茶の師匠に背中を押していただき、ためらいは消えました。ご恩の深い官休庵（武者小路流）のお茶の師は伊丹の深谷（ふかや）房雄先生と申し上げます。

　こうして、写本の修理のやり方を教えてもらいました。そうして、わたくしが修理に取り組むことになりました。約1年間の作業で、和仁估安聡さんの写本の修理を終えることが出来ました。

　もし高い修理費を出して、いわゆる写本の修理専門家に修理を託していたら、幾つの難読文字が消え去っていたかも知れないと思うと、ゾッとします。

　写本の修理の技術は上手でなくても、わたくしが修理して良かったと思います。あながちに、修理の技術だけ上手でも、ヲシテ文字や、ヲシテの文章を読み解く能力のない人がやると、ここは外せないという大切な個所がわからないので無茶苦茶になりますね。

なお、５０年来行方が不明だった、和仁估安聡写本のもう一本の写本が令和３年（2021）７月に発見されました。まさに奇跡です。二次資料の作成と詳細な研究はこれからの仕事です。

→小笠原長武写本の『ホツマツタヱ』

小笠原写本などへの伝来

『ホツマツタヱ』の現存の完写本は、江戸時代中ごろの和仁估安聡本を親本として写本が為されてきました。現存写本は小笠原長弘本と小笠原長武本があります。明治時代から大正時代にかけての写本です。小笠原家の長弘さんと長武さんが３写本を残してくれています。小笠原長弘さんの完写本は、四国宇和島市の小笠原

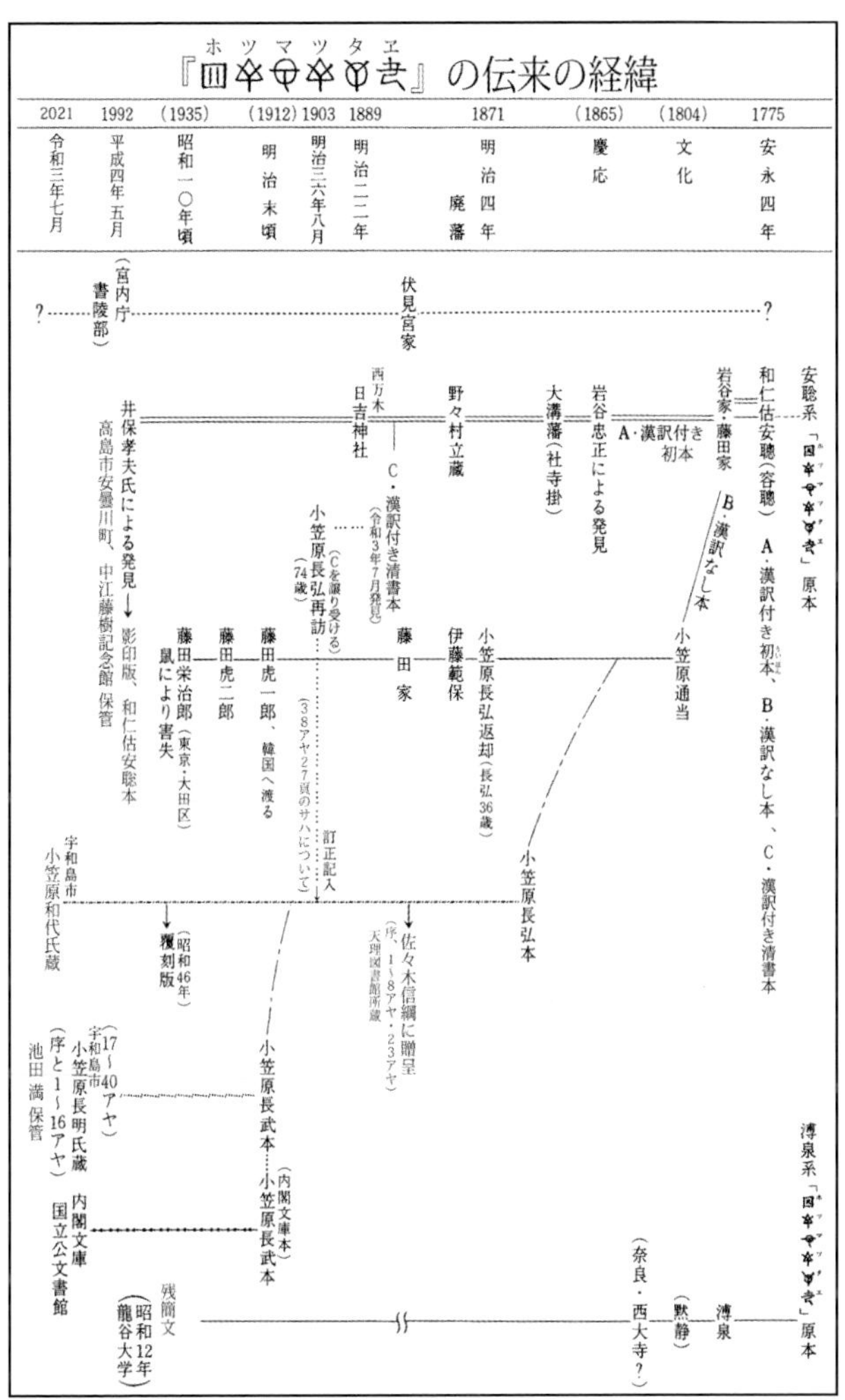
『ホツマツタヱ』の伝来の経緯
2021　1992　(1935)　(1912)　1903　1889　1871　(1865)　(1804)　1775
安永四年
文化
慶応
明治四年
廃藩
明治二二年
明治三六年八月
明治末頃
昭和一〇年頃
平成四年五月
令和三年七月
伏見宮家
(宮内庁書陵部)
安聡系「ホツマツタヱ」原本
和仁估安聡(容聴)
A・漢訳付き初本、B・漢訳なし本、C・漢訳付き清書本
岩谷家・藤田家
A・漢訳付き初本
岩谷忠正による発見
大溝藩(社寺掛)
野々村立蔵
西万木日吉神社
C・漢訳付き清書本(令和3年7月発見)
B・漢訳なし本
小笠原通当
小笠原長弘返却(長弘36歳)
伊藤蘒保
藤田家
小笠原長弘再訪(74歳)
(Cを譲り受ける)
藤田虎一郎、韓国へ渡る
藤田虎二郎
藤田栄治郎(東京・大田区)鼠により書失
井保孝夫氏による発見→影印版、和仁估安聡本
高島市安曇川町、中江藤樹記念館保管
訂正記入
(38アヤ27頁のサハについて)
小笠原長弘本
佐々木信綱に贈呈(序、1～8アヤ・23アヤ)
天理図書館所蔵
覆刻版(昭和46年)
宇和島市小笠原和代氏蔵
小笠原長武本
宇和島市小笠原長明氏蔵(17～40アヤ)
池田満保管(序と1～16アヤ)
小笠原長武本(内閣文庫本)
内閣文庫 国立公文書館
溥泉系「ホツマツタヱ」原本
溥泉
(黙静)
(奈良・西大寺?)
残簡文(昭和12年 龍谷大学)

和代さんが所蔵なさっています。小笠原長武さんの写本は、皇居のおとなりの国立公文書館に所蔵されています。もうひとつの小笠原長武さんの完写本は、前半をわたくし（池田満）が保管させてもらっていまして、のこる後半の方は宇和島市の小笠原長明さんが所蔵なさっています。

親本の和仁估安聡本と詳しく見比べますと、細かな差異が多く認められます。細かな違いは、『定本ホツマツタヱ』（池田満、展望社）や『記紀原書ヲシテ増補版』（池田満・辻公則、展望社）などに頭注や下注を付けて記載しました。細かな差異の大雑把な概要を言いますと、和仁估安聡本には特殊ヲシテ文字の使い分けが多いことが認められます。総じて言えば、小笠原系統本の書写の元本は、和仁估安聡本であると考えられます。

この他にも重要な写本があります。残念なことに、未だに発見されていない完写本です。江戸時代の半ばにも遡る写本には、奈良の僧の溥泉（ふせん）さんの旧蔵書の『ホツマツタヱ』がありました。溥泉さんの著作の『春日山紀』や『朝日神紀』の引用文に『ホツマツタヱ』の全文の至る所からの引用が見られます。このため、溥泉さんは『ホツマツタヱ』の４０アヤの全巻を見ていたことが明らかです。おそらく溥泉さんは４０アヤの全巻を

↑『春日山紀』（溥泉著、刊行本）安永８年 (1779)

写本させてもらっていたのでしょう。そうしますと、溥泉さんの旧蔵書に完写本の『ホツマツタヱ』があったはず、と言う結論が導かれます。探索も進めています。探索は、相手のあることですし、どこにあるのかの目星も付きかねることも多いです。簡単には進みません。お心当たりのある際は、どうかお教え下さいますようお願い申し上げます。

「偽書」への対応

『ホツマツタヱ』などヲシテ文献の現代受容には、直訳偽書の問題点があります。

それは「偽書」対策です。「カタカムナ」などの明らかな「偽書」もあります。「カタカムナ」や「上記（うえつふみ）」「竹内文書」などは誰が見ても明らかに「偽書」です。これらは区別がしやすいです。でも中学生や高校生だとだまされる場合もあります。

明らかな「偽書」と違って問題の根深いのが、「直訳偽書の秀真伝」です。ヲシテ文字が読めるかどうかの入門したての初心の習熟度ですと、今ある国語辞典に頼って直訳をすることになってしまいやすいです。それが、現代偽書造りになるのです。「直訳偽書の秀真伝」です。この場合の「秀真伝」は「シュウシンデン」とお読みいただく方が正しい理解につながります。

たとえば「アヤ」の言葉を例にとってみます。『ホツマツタヱ』は40アヤから成り立っています。現代的な概念での「章」にほぼ同じなのがヲシテ時代の言葉の「アヤ」です。この、「アヤ」と言う言葉を、現代辞書で引くと「綾」や「文」の漢字が浮かんできます。それで「アヤ」に「綾」の漢字をあてると、訳したように思えます。これが、漢字の罠（わな）です。いったん漢字直訳で翻訳した「綾」の漢字を見てみましょう。そこからは「織り文様」のような透かしの意匠（デザイン）の意味にしか感じられません。もう、文章の本来の意味合いは抜き去られてしまったのです。これを、不可逆的翻訳と呼んでいます。一方通行の道なので、戻ることが出来なくなるのです。一方通行の先は、時代がワープした時知れずの世界です。ワープ航法で異次元の世界に行ってしまったのです。もはやそこは鬼がたむろして住む奇怪な世界です。元には戻れない「直訳偽書の秀真伝」です、これは「シュウシンデン」と呼ぶべきです。

「アヤ」の言葉を「文」の漢字にあてた場合はどうなるでしょうか？　漢字の「文」からは「章」のイメージを想起することは難しいです。せいぜい「フミ」の意味合いが出

てくる程度です。やはりこちらの場合も不可逆的翻訳です。やはり、鬼のたむろして住む世界に逝って（い）しまうということですこの場合も「直訳偽書の秀真伝」です、やっぱり「シュウシンデン」ですね。

記紀の原書なのに、事実の誤認が招く自虐意識からの自傷行為のようなものが「直訳偽書の秀真伝」の偽書造りの行為だと言えます。

こうして、直訳のあて漢字をペタッと貼り付けると、漢字訳語を見た人に意味の取り違いが起きます。これが原因で直訳の「秀真伝」は、「直訳偽書の秀真伝」であるということになります。直訳して「偽書」におとしめた「シュウシンデン」を読んで「偽書だ」「偽書だ」と呼ばわっているのが、今現在の世間の実情です。そこで、「偽書」創りの「直訳語」の一掃をしたいと、ゴミ収集のパッカー車を走らせています。残念ながら、まだほぼ50年なので、パッカー車の走行キロ数も、パッカー車の台数も足りていません。

『ホツマツタヱ』などヲシテ文献が真実である書としての根拠は、『古事記』『日本書紀』との対比比較です。『定本ホツマツタヱ　―『古事記』『日本書紀』との対比―』（池田満、展望社）で公表しています。

傍証としては、考古学で次々に明かされる、研究結果が裏付けをしてくれています。

ヲシテ文献が『古事記』『日本書紀』の原書であることの位置確認をした上で、「直訳偽書の秀真伝」にまどわされない本当の我が国の歴史を説明してまいります。

『古事記』『日本書紀』の原書としての位置は、すなわち『古事記』序文の天武天皇の詔（みことのり）に言う「帝紀（ていき（みかどのフミ））」と「旧辞（くじ、きゅうじとも言う）」に相当します。

詳しく言いますと、「帝紀」は『カクのミハタ（『フトマニ』など）』のことです。「旧辞」

→『古事記』の最古の写本の真福寺本（二行目に「帝紀」「本辞」と記されています）

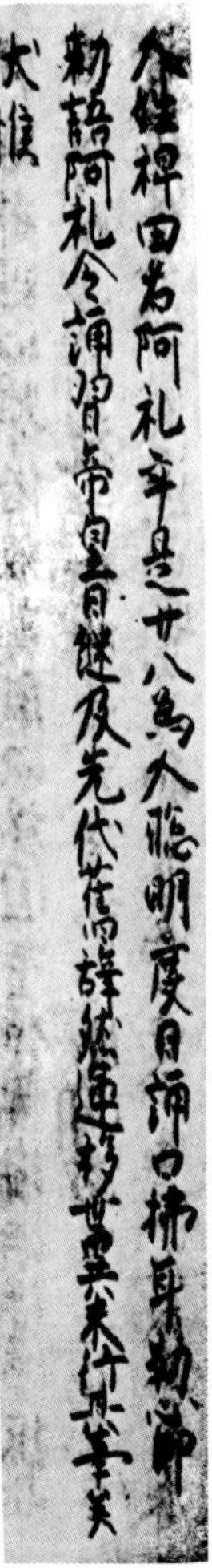

←『古事記』の最古の写本の真福寺本（二行目に「帝皇日継」「先代旧辞」と記されています）

は『ホツマツタヱ』や『ミカサフミ』のことです。

せっかくのヲシテ文献を漢字直訳なんかしたら、江戸時代以降のモノになってしまいます。これが、禍を生む根幹です。「帝紀」と「旧辞」は『古事記』の序文には、「帝紀」と「本辞」とも、「帝皇日継（ていおうのひつぎ）」および「先代旧辞（せんだいくじ）」とも記されています。太安万侶も、自分で読んだことのない『カクのミハタ』や『ホツマツタヱ』や『ミカサフミ』をどう言い表したらよいのか？　悩んだことでしょう。

やっと本物の「帝紀」と「旧辞」が発見されたのです。実際の真実を無視して意図的にスルーをして、取り残されていってしまうのは、残念でさみしいことですね。あわれです。

1　季節と方角のとらえ方

「日本」の風土はとても住みよいです。北はカツシマ（北海道）や青森から、南は九州の南端や、さらには島嶼の島々まで、縄文時代に始まったわが国の文明は「縄文哲学」を形成してきました。

「縄文哲学」は天地自然の運行に即して、恵みを得る哲学です。季節の移り変わりを知ることが、最重要の課題でした。季節の変化を知るカギが、方角だったのです。

全国各地の遺跡からストーンサークルが発見されてくるのも、天体の運行を計測することが、天地自然の恵みを得るための必須の条件だからです。

ストーンサークルは、東西南北の四つの方角が極めて重要な基準になります。もしもあなたが、無人島などの自然のなかに、ひとり取り残されたとしましょう。さて、正確な南北の基準ラインを、あなたは見付けられますか？　スマホ無しにです。

ヲシテ時代の人々は天地自然の運行から、キタ（北）を見つけたのでした。そうしてストーンサークルを作れたのです。あなたにも、スマホ無しでも、北は見つけられます。説明しましょう。北は、地球の自転軸の延長線にあります。それで、夜には夜空で動かない星を見付けることが出来ます。今現在は北極星と言います。これをキタノホシとヲシテ時代に呼んでいました。

北が見つかれば、あとは簡単です。北の逆方向が南です。これで南北の方向がわかります。その南北の線の真横の延長線が東西になります。さあ、もうこれで、あなたもストーンサークルを作ることが出来ます。

考えてみましたら、ヒガシ・ニシ・ミナミ・キタと、この言葉は長ったらしいですね。頻繁に使う東西南北なんていう言葉は、短くして使うものです。ヲシテ時代には方角の別の呼び方がありました。東西中央南北を「キツヲサネ」と言います。北の「ネ」だけはちゃんと現代まで残っています。それは「ネ」の北が、方角の基準の「根っこ」だからでしょうか？

東の「キ」と西の「ツ」の言葉については、『万葉集』に典拠があります。金の厩、角

←『万葉集注釈』沢瀉（おもだか）久孝

三二七 百小竹之　三野王
金厩　立而飼駒
角厩　立而飼駒
草社者　取而飼矣 曰旱
水社者　挹而飼矣 曰旱
何然　大分青馬之
鳴立鶴　（天）

百小竹の　三野の王
西の厩に　立てて飼ふ駒
東の厩に　立てて飼ふ駒
草こそは　取りて飼へ（飼ふといへ）
水こそは　汲みて飼へ（飼ふといへ）
何しかも　あしげの馬の
いばえ立ちつる

【口譯】　三野の王が西の厩に立てて飼ふ駒、東の厩に立てて飼ふ駒、その駒には草をこそ取つて飼ひ、水をこそ汲んで飼ふが、どうしてまあその葦毛の馬が鳴き立てるのであらうか。

【訓釋】　**百小竹の**――たくさんの篠の意で三野にかかる枕詞（三四三）。

三野の王――和銅元年五月「辛酉（卅日）、従四位下美努王卒」とある人だらうといふ事になつてゐる。天平寶字元年正月に橘諸兄の薨じたところに「大臣贈従二位栗隈王之孫、従四位下美努王之子也」とあり、父の栗隈王は敏達天皇の三代

の厩というところです。金の厩、角の厩は、伝統的に「にしのうまやに」「ひむかしのうまやに」と訓読されてきていました。考えてみてもください、この読みでは字余りもあ

まりにも甚だしいです。５音のところが7音や9音にもなってしまっています。５音のブロックに「にしのうまやに」「ひむかしのうまやに」と読むのは、如何にも乱調です。ところが、東は「キ」、西は「ツ」と言う言葉を知れば、金の厩は「キのうまや」、角の厩は「ツのうまや」とちゃんと5音に訓読できます。つまり東の「キ」と西の「ツ」の言葉は『万葉集』に例があったと言えます。わたくしが見つけたのは、『万葉集』のこの３３２７番の用例だけでした。『万葉集』には４５１６首のウタがあります、他にも「キツヲサネ」の言葉が有るかも知れません。みなさまも、発見なさって下さい。

方角と季節の関係

ヒガシ・ニシ・ミナミ・キタと言うより、キ・ツ・サ・ネと言う短い言葉があれば便利です。自分の居場所や中心を示す「ヲ」も加えてキ・ツ・ヲ・サ・ネです。漢字以前のヲシテ時代に有った言葉でした。『万葉集』にも「キ」と「ツ」の言葉は残されていました。北を意味する「ネ」の言葉は十干十二支の関連で残っていました。

季節と方角を結び付けて「トシノリ」という概念にまとめた人物が居ました。「縄文建国」を成し遂げたクニトコタチさんです。

「トシノリ」とは年の季節の巡りのことでもありますし、「トのヲシヱ」を広める方法の意味も兼ね備えた言葉です。

「トシノリ」は高度な概念です。トホカミヱヒタメに季節の移り変わりを把握します。カタカナで書くトホカミヱヒタメ[章末注1]だと意味がよく解りませんけれど、ヲシテ文字で書くと凄いです。季節の循環の概念が見事に可視化されています。驚きます。

トホカミヱヒタメの子音の形状に注目してください。トの子音は「Y」で3本です。ホの子音は「||」で2本です。カの子音は「|」で1本です。ミの子音は「T」で地表より上は0本です。ヱの子音は「⊥」で地表から上に1本です。ヒの子音は「||」で2本です。タの子音は「Y」で3本です。メの子音は「T」で地表より上は0本です。

子音の棒の数の変化がヲシテ文字に反映されていることが判ります。

トの子音の「Y」は温かさの3本。ホの子音の「||」は温かさの2本。カの子音の「|」は温かさの1本。ミの子音の「T」は地表より上に温かさの棒が0本（最後の1本の温

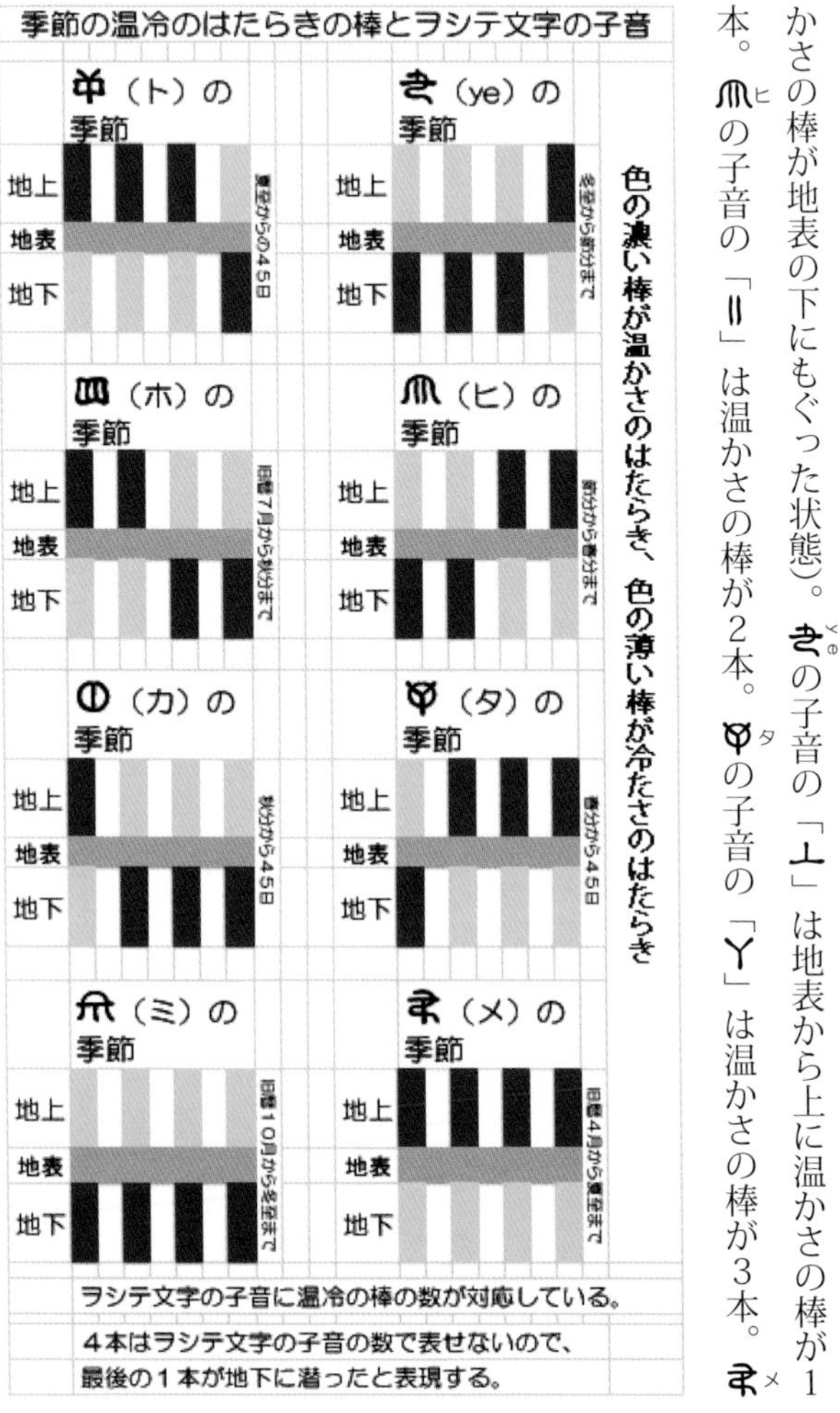

かさの棒が地表の下にもぐった状態）。（ye）の子音の「⊥」は地表から上に温かさの棒が1本。（ヒ）の子音の「॥」は温かさの棒が2本。（タ）の子音の「Y」は温かさの棒が3本。（メ）

の子音の「丅」は地表より下に最後の冷たさの棒が一本（地表の上には温かさの棒が4本）。温かさの棒の4本と冷たさの棒の4本が順繰りに入れ替わる移り変わりをヲシテ文字で表していたのです。母音の方は、その季節に現れる象徴的なさまを表現しています。

トの母音は「オ（ハニ・固体）」で夏至を迎えてサミタレ（梅雨）の過ごし易さに健康長寿を得る固定さを表します。（現代の梅雨の感覚とはずいぶんと違います。住環境や革靴を履くなど生活の環境が違っているからです）ホの母音は「オ（固体）」で穂が実るさまを表します。カの母音は「ア（ウツホ）」でアキ（秋）の空高い空気感を表します。ミの子音は「イ（カセ）」で木枯らしの風を表します。ヱの母音は「エ（ミツ）」でユキ（雪）の降ってくることを表します。雪は融けると水ですから「エ（ミツ）」です。ヒの母音は「イ（カセ）」で初日（元旦）に吹いてくる温かな風を表します。タの母音は「ア（ウツホ）」でサクラの咲く頃のカゲロイやカスミの空気感を表します。カゲロイとは、地面から沸き立つ湯気で光が揺らぐさまを言うのでしょう。メの母音は「エ（ミツ）」で青葉が茂ってきて雨もしたたる風情の水を表します。

これがトホカミヱヒタメの季節感です。このトホカミヱヒタメを方角に当て嵌め

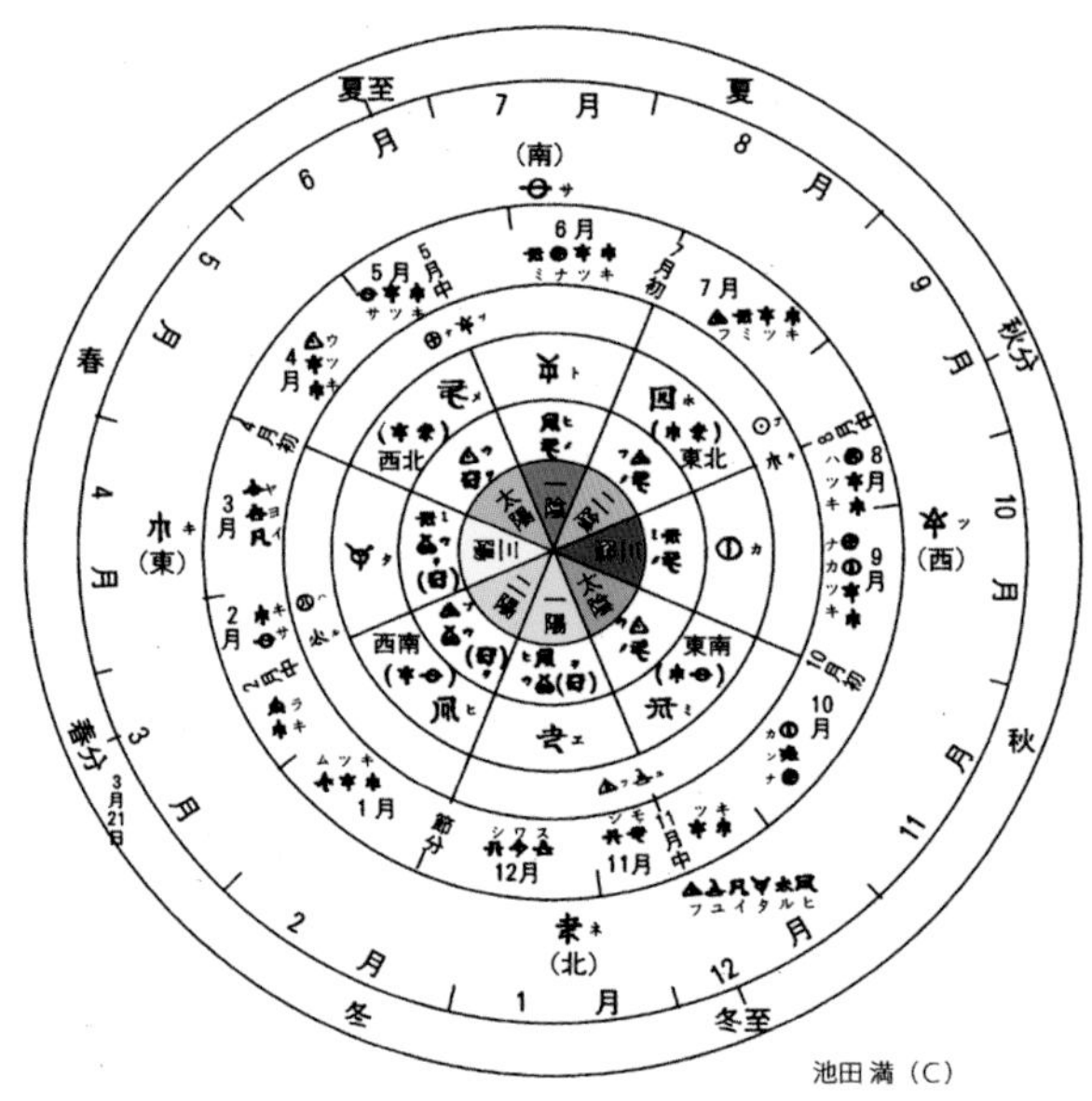

日本固有暦の基本（内円）とグレゴリオ暦（外円）

ましょう。南に向かって立ってみてください。左手の方から太陽は昇り、右手の方へ沈んでゆきます。日中の温かな正午に太陽は一番高くなります。さて、季節で言うと真夏が暑いので高いところに位置します。私たちの立っている下が地面ですから根っこです。これは「ネ」ですから北にあたりまして、季節で言うとフユ（冬）になります。日の出と、日没を季節になぞらえてみましょう。季節で言うと、日の出はハル（春）、日没はアキ（秋）にあたります。足元のネ（キタ・北）から、左手の東の「キ」のハル（春に）萌します。真上のサ（ミナミ・南）のナツ（夏）に茂って、右手の西の「ツ」のアキ（秋）に実ります。

季節と方角はこうして関連性が認められるのでした。

トホカミヱヒタメは、季節の巡りを表す概念です。また、方角についても関連性があるので言うわけです。

６０進法のコヨミ「キ・ア・ヱ」

トシノリの法則が判って来ましたら、もっと長い一括りの年数の把握がしたいものです。国祖のクニトコタチさんは、６０進法のコヨミを創られました。「キアヱのコヨミ」です。くわしく表記しますと「キ（キツヲサネ）・ア（アミヤシナウ）・ヱ（ヱト）」のコヨミです。

標準的な人々の寿命にも近いのが６０年です。いや、６０年よりももっと長生きの人は、『魏志倭人伝』にもちゃんと記されてありましたように、わが国は、極めて長寿国だったのでした。漢字以前の時代から、８０歳や９０歳はおろか１００歳越えまで、頻繁にみられる長寿のクニだったのでした。前著作の『ホツマ歴史物語1アワウタの秘密』（池田満、展望社。75ページ）に記しましたので、ご覧願いたいと存じます。『魏志倭人伝』は、ややもすると出所ろのあやしい伝聞が多いですが、そればかりでもなくて正確に捉えた伝聞も掲載していたのでした。特筆するべきは、日本人は長寿であるという趣旨です。このことは、ヲシテ文献にも詳しく記されています。今現代になって、人生100歳の時代になってきましたのは、特異なことではありません。クニトコタチさんの建国の当時の良さに復旧してきたとも言えます。アマテルカミも強いご希望でありました。

わが国の縄文文明の建国当時は、長寿のクニでした。それで60進法の暦を必要としたのかも知れません。国祖のクニトコタチは、60進法の暦を「キアヱのコヨミ」として制定なさいました。「コヨミ」とはこの世をかんがみるもの、としての語源を意味しています。「キアヱ」は60進法の変数の概念を指しています。「キ（キツヲサネ）・ア（アミヤシナウ）・ヱ（ヱト）」です。「キアヱ」のひとつめの「キ」は東西中央南北の「キツヲサネ」の変化を示します。大宇宙からの恵みは、ナカクタ（天の川）を伝って地表に降り来たります。その方角をとらえるのが「キツヲサネ」です。

「キアヱ」のふたつめの「ア」はアメ（大宇宙の中心）からの為さしめのはたらきと、地表上での結実性を「アミヤ・シナウ」として変化を表します。「アミヤ」はアメ（大宇宙の中心）からの為さしめのことです。「シナウ」は地表上での結実性を意味します。高度な概念です。「アミヤ・シナウ」とは素晴らしい哲学の考え方です。

みっつめの「キアヱ」の「ヱ」は冬あるいは夏の象徴を表します。「トホカミヱヒタメ」のトとヱがそれです。国祖クニトコタチが8人の教えの使者（ヤミコカミ）を派遣するに際して、長男のヱのミコトをネ（本拠地のヲウミ（琵琶湖湖岸））に据えました。フユ（冬）を守らしめたのです。弟のトのミコトはミナミの富士山南麓に遣わしました。ミナミなのでナツ（夏）を守らしめたのです。クニトコタチの次の代のクニサッチの時代には、ヱのミコトとトのミコトとが何代にもわたって代わる代わるに世を継いでゆきました。当初は、「ヱヒタメトホカミ」と唱えていたので、「ヱト」の「ヱ」を代表させています。

「キツヲサネ」と「アミヤシナウ」と「ヱト」の3段階の変化値を順繰りに並べまして、「キアヱのコヨミ」が出来ます。

1、「キアヱ」。2、「キアト」。3、「ツミヱ」。4、「ツミト」。5、「ヲヤヱ」。6、「ヲヤト」。

ヱト・干支対照表

No.	ヲシテ	十干	十二支
1	キアエ	甲（きのえ）	子（ね）
2	キアト	乙（きのと）	丑（うし）
3	ツミエ	丙（ひのえ）	寅（とら）
4	ツミト	丁（ひのと）	卯（う）
5	ヲヤエ	戊（つちのえ）	辰（たつ）
6	ヲヤト	己（つちのと）	巳（み）
7	サシエ	庚（かのえ）	午（うま）
8	サシト	辛（かのと）	未（ひつじ）
9	ネナエ	壬（みずのえ）	申（さる）
10	ネナト	癸（みずのと）	酉（とり）
11	キウエ	甲（きのえ）	戌（いぬ）
12	キウト	乙（きのと）	亥（ゐ）
13	ツアエ	丙（ひのえ）	子（ね）
14	ツアト	丁（ひのと）	丑（うし）
15	ヲミエ	戊（つちのえ）	寅（とら）
16	ヲミト	己（つちのと）	卯（う）
17	サヤエ	庚（かのえ）	辰（たつ）
18	サヤト	辛（かのと）	巳（み）
19	ネシエ	壬（みずのえ）	午（うま）
20	ネシト	癸（みずのと）	未（ひつじ）
21	キナエ	甲（きのえ）	申（さる）
22	キナト	乙（きのと）	酉（とり）
23	ツウエ	丙（ひのえ）	戌（いぬ）
24	ツウト	丁（ひのと）	亥（ゐ）
25	ヲアエ	戊（つちのえ）	子（ね）
26	ヲアト	己（つちのと）	丑（うし）
27	サミエ	庚（かのえ）	寅（とら）
28	サミト	辛（かのと）	卯（う）
29	ネヤエ	壬（みずのえ）	辰（たつ）
30	ネヤト	癸（みずのと）	巳（み）
31	キシエ	甲（きのえ）	午（うま）
32	キシト	乙（きのと）	未（ひつじ）
33	ツナエ	丙（ひのえ）	申（さる）
34	ツナト	丁（ひのと）	酉（とり）
35	ヲウエ	戊（つちのえ）	戌（いぬ）
36	ヲウト	己（つちのと）	亥（ゐ）
37	サアエ	庚（かのえ）	子（ね）
38	サアト	辛（かのと）	丑（うし）
39	ネミエ	壬（みずのえ）	寅（とら）
40	ネミト	癸（みずのと）	卯（う）
41	キヤエ	甲（きのえ）	辰（たつ）
42	キヤト	乙（きのと）	巳（み）
43	ツシエ	丙（ひのえ）	午（うま）
44	ツシト	丁（ひのと）	未（ひつじ）
45	ヲナエ	戊（つちのえ）	申（さる）
46	ヲナト	己（つちのと）	酉（とり）
47	サウエ	庚（かのえ）	戌（いぬ）
48	サウト	辛（かのと）	亥（ゐ）
49	ネアエ	壬（みずのえ）	子（ね）
50	ネアト	癸（みずのと）	丑（うし）
51	キミエ	甲（きのえ）	寅（とら）
52	キミト	乙（きのと）	卯（う）
53	ツヤエ	丙（ひのえ）	辰（たつ）
54	ツヤト	丁（ひのと）	巳（み）
55	ヲシエ	戊（つちのえ）	午（うま）
56	ヲシト	己（つちのと）	未（ひつじ）
57	サナエ	庚（かのえ）	申（さる）
58	サナト	辛（かのと）	酉（とり）
59	ネウエ	壬（みずのえ）	戌（いぬ）
60	ネウト	癸（みずのと）	亥（ゐ）

7、「サシヱ」。8、「サシト」。9、「ネナヱ」。10、「ネナト」。11、「キウヱ」。12、「キウト」。
13、「ツアヱ」。14、「ツアト」。15、「ヲミヱ」。16、「ヲミト」。17、「サヤヱ」。18、「サヤト」。
19、「ネシヱ」。20、「ネシト」。21、「キナヱ」。22、「キナト」。23、「ツウヱ」。24、「ツウト」。
25、「ヲアヱ」。26、「ヲアト」。27、「サミヱ」。28、「サミト」。29、「ネヤヱ」。30、「ネヤト」。
31、「キシヱ」。31、「キシト」。33、「ツナヱ」。34、「ツナト」。35、「ヲウヱ」。36、「ヲウト」。
37、「サアヱ」。38、「サアト」。39、「ネミヱ」。40、「ネミト」。41、「キヤヱ」。42、「キヤト」。
43、「ツシヱ」。44、「ツシト」。45、「ヲナヱ」。46、「ヲナト」。47、「サウヱ」。48、「サウト」。
49、「ネアヱ」。50、「ネアト」。51、「キミヱ」。52、「キミト」。53、「ツヤヱ」。54、「ツヤト」。
55、「ヲシヱ」。56、「ヲシト」。57、「サナヱ」。58、「サナト」。59、「ネウヱ」。60、「ネウト」。

「キアヱのココミ」とは、この世をかんがみるもののココミですね。大宇宙からの為さしめる働きは、キツヲサネ（東西中央南北）に降り来たります。そのはたらきはアミヤの⊙⋒⊖（大宇宙の中心からの、実（ミ）になるはたらきかけ）が、シナウの⋒⊕◬として地表に振り来たり広がって為さしめ成りてうるおします。『縄文哲学』の華のひとつが「キアヱのココミ」です。大宇宙からの為さしめの働きをココミに編み込んだのです。わが国の文明はいかにすごかったのか！　を、思います。

酷似するほどにはよく似ていても、大陸の十干十二支とは構成要素の原理が違います。動物にとらわれる十干十二支とは比べ物にならない哲学が「キアヱのコヨミ」です。

わが国の「キアヱのコヨミ」は哲学そのものです。それで、わたくしは「縄文哲学」の名称を提唱しています。縄文文明といえる根拠のひとつが「キアヱのコヨミ」の存在です。

注1：「トホカミエミ★タメ」と言う人たちがいます。大きな間違いです。ミがふたつ重なるわけが原理として成り立ちません。土御門家（つちみかどけ）から井上正鉄（まさかね）の「エミタメ教（禊教）」にと誤謬の説が伝えられたから、こんな大間違いが広まったのです。確証はまだ得ていませんが、小笠原通当さんが土御門家に伝えたものとわたくしは推測しています。

どこで取り間違えられてしまったのか？　小笠原通当さんか？　土御門家か？　井上正鉄か？　ヲシテ文字を読み書きできないと、こんなひどい大間違いをしてしまうのですね。原理の間違いなので、「トホカミエミ★タメ」とお唱えしてご利益が期待できましょうか？　わたくしは疑問に思います。

2 天体の理解、大宇宙の始まり

毎朝、日は昇ります。当たり前なことですが、うれしい恵みです。冬の寒い日に、日が昇って来ると、軒先のつららも溶(と)けてきます。積もった雪も、日の光に照らされたところだけは、溶けてきます。日の光の有り難さを感じる朝のひとコマです。ここでも、日の光が温かさを届けてくれることはわかります。

ヒ（日）とツキ（月）とクニタマ（地球）の3天体の関係は、天文観測をしてみれば理解力のあるヒトにはちゃんとわかります。月の満ち欠けでヒ（日）とツキ（月）とクニタマ（地球）との関係を知り得ます。さらに月食や月食の観察で、私たちの住むクニタマ（地球）は球体であることは今も昔もすぐに判ることです。

『ミカサフミ』のなかに大宇宙の理解のくわしい説明が記されています。『記紀原書ヲシテ増補版』の下巻の行数番号41069から41080までの個所をルビを振って、

ミ6-18
アマメクリ　ヒハヲヽキクテ
ヒトオクレ　ミモムソヰタビ
ヒトトシノ　ハルタツヒニハ
モトニキテ　ヒトタビモトノ
ミ6-19
ホシニアイ　ツキハオモクテ
ソミノリオ　オクレヒニアフ
ツイタチゾ　ホシニゾミアフ
アメハヱナ　ヒツキヒトミナ
ミ6-20
アメノエナ　ソトハタカマノ
ハラマワリ　モヽヨロトメヂ
ホシマテハ　ソヰヤチトメヂ
コノソトハ　ナモトコシナエ

かかげます。やっぱり『ミカサフミ』は、哲学的な記述が深くてすばらしいフミです。さすが、アマノコヤネさんです。さすが藤原家のご先祖です。

要略を現代語で述べましょう。

天体の巡りについて考えてみましょう。ヒ（日、太陽）は大きいので一日に少しずつ遅れます。一日で365分の一ずつの遅れが生じます。一年で365日の遅れになって、一年たってハルタツヒ（立春）の日には、また、同じ星空に巡り合います。ツキ（月）は、重いので巡りが遅くて、13ノリ（13トメチ）程も毎日遅れを生じてヒ（日）の巡りに会いますのが、毎月のツキ立ち（ツイタチ、朔月）です。それで、一年では13回同じ星空に会う事になります。

　さて、ヒもツキもそう、大宇宙の始まりからの元に於いて生じたものです。また更に言えば、ヒト（人）もアメ（宇宙）をヱナ（形造る舞台、胞衣、エナ）として生まれてきます。ヒト（人）の誕生について考えてみましょう。ヒトの生まれ来るこのアメのエナ（大宇宙、ヱナ）は、果てはタカマのハラで、マワリ（周囲長）は１００万トメヂの広大な空間です。ホシ（星）までの距離は１５８０００トメヂです。（１０００００割る１５８０００で３．１６になります。つまり円周率を３．１６として認識していたと考えられます。現代理解での３．１４１５９に極めて近似値です）さらにその外側の、果てなき遠き所はトコシナエ（わたくしたちの宇宙の外）と言います。（トメヂは、長い長さの単位です。地球の周囲長の３６５分の１と規定が為されています。現代理解の地球の周囲長の４００７５ｋｍを３６５で割ると、１０９．８ｋｍの値が得られます。現代的理解として、１トメヂは１０９．８ｋｍと言うことになります）

　『ミカサフミ』の６アヤ目の「ミカサフミ タカマナルアヤ」の原文を見ると、弥生時代における我が国の知識層のトップレベルの大宇宙についての認識が判ります。

　円周率も、現代理解の３．１４１５・・・に、ほぼ近似値をもって常識としていたわけです。

　そして、天体の理解も進んでいました。クニタマとして大地の地球を理解していたのです。

この、『ミカサフミ』の「タカマナルアヤ」の記述の内容を見知っていましたら、わたくしたちがもしも無人島に漂着して独りぼっちになってしまっても、縄文文明から弥生文明にと再び発展させてゆくことが出来ることでしょう。『ホツマツタヱ』や『ミカサフミ』などヲシテ文献には、それだけのチカラ（力）が秘められています。何千年もの尊い知恵がかたまって出来たアヤだからです。本物だからですね。『古事記』『日本書紀』の原書だからです。つまり「帝紀」「旧辞」の本物という証明です。

大宇宙の認識

大宇宙の始まりについては、壮大なスケールでの理解がされていました。この大地をクニタマ（地球）として解かっていたのです。そんなことはビックリです。ですが本当でした。縄文土偶も、国宝にも指定されてきました。その芸術性は殊の外に高いです。ピカソの芸術性に驚いた岡本太郎さんは、帰国してから縄文土器に出会いました。それでさらに驚愕して触発されて、自身の芸術を開花されたのでした。その「芸術は爆発だ！」の発

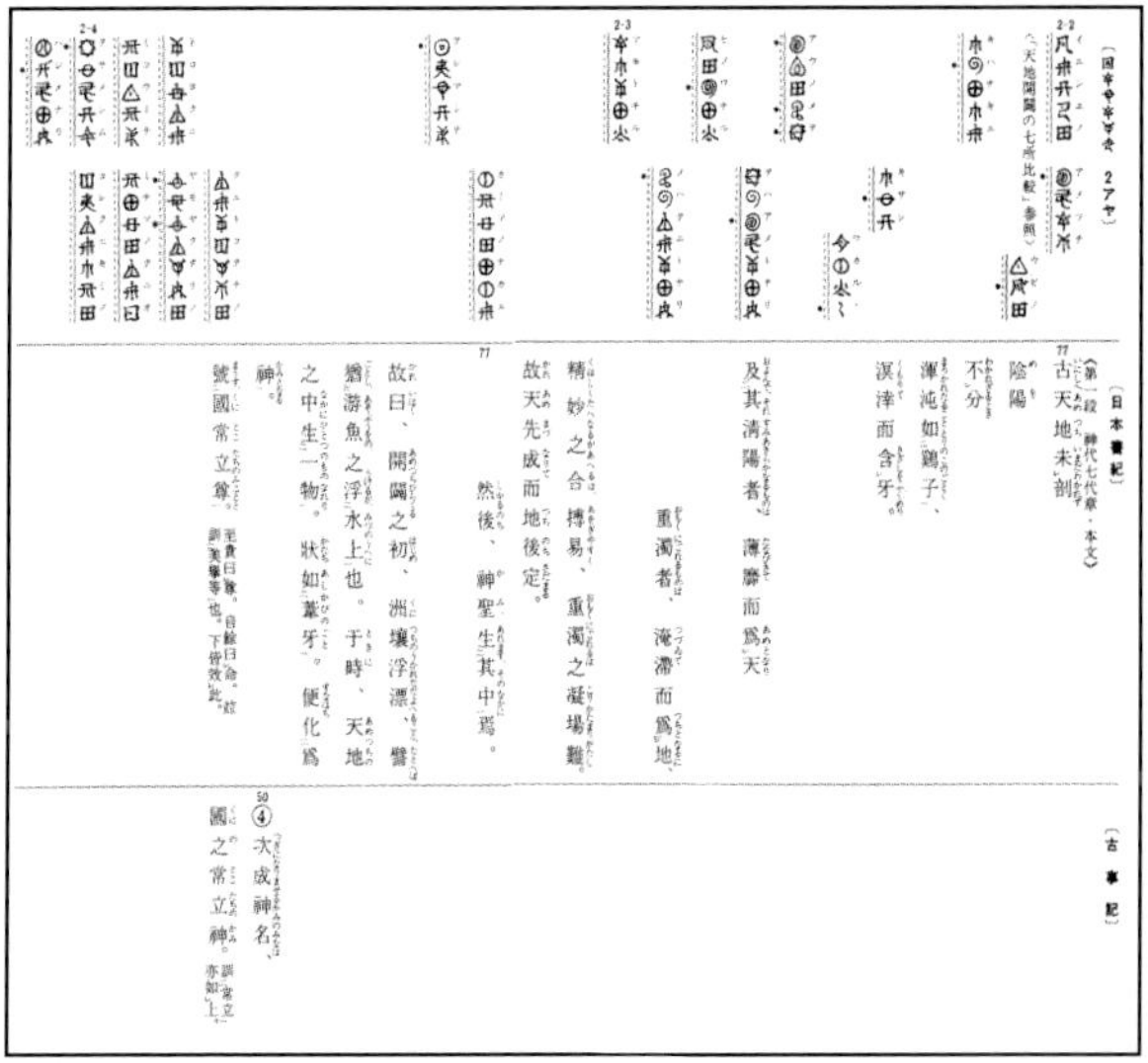

←『定本ホツマツタヱ』（池田満、展望社）31〜32ページ

（2アヤ）

2-2

（「天地開闢の七段比較」参照）

2-3

2-4

（日本書紀）

〈第一段 神代七代章・本文〉

古天地未剖、陰陽不分、渾沌如鶏子、溟涬而含牙。及其清陽者、薄靡而為天、重濁者、淹滞而為地。精妙之合搏易、重濁之凝場難。故天先成而地後定。然後、神聖生其中焉。

故曰、開闢之初、洲壌浮漂、譬猶游魚之浮水上也。于時、天地之中生一物。状如葦牙。便化為神。號國常立尊。至貴曰尊。自餘曰命。並訓美挙等也。下皆效此。

（古事記）

④次成神名、國之常立神。訓常立亦如上。

見の、大切な、根幹のスピリットはヲシテ文献に記されていました。

『定本ホツマツタヱ ―『古事記』『日本書紀』との対比―』（池田満、展望社）でおおやけにしています。『ホツマツタヱ』と『日本書紀』と『古事記』とを原文比較しました。

『ホツマツタヱ』の2アヤには大宇宙の始まりについての認識が記されています。ここだけが、漢字翻訳されていました。『古事記』『日本書紀』にです。ところが、『古事記』は、ほとんど完全に無視のような翻訳です。ヘンですね。やっぱり、恣意的な思惑の意図で

← 『定本（ていほん）ホツマツタヱ』（池田満、展望社）15ページ

『定本ホツマツタヱ』
池田満・展望社

「天地開闢の七所比較」

（天地開闢に関する記述箇所について、ヲシテ文献内での比較一覧表）
（2〜19Aアヤまでは『[Woshite script]』、[Woshite script]は『[Woshite script]』）

2アヤ	14アヤ	15アヤ	16アヤ	18アヤ	19Aアヤ	[Woshite script]
2-2	14-9	15-8	16-11	18-5	19A-11	[Woshite script]-118

15

書かれたのが『古事記』であるのでしょうね。それは、わが国を神懸かりで野蛮なクニとしておとしめて見せたい意図であると、わたくしは判断します。『古事記』は、やっぱりどこか、おかしいです。編集の意図が、敗戦後のＧＨＱの愚民化政策と軌を一（いつ・ひとつ）にしていると考えると、納得できます。つまり、亡国させるための歴史改竄の書物が『古事記』だという認識で間違いないと、わたくしはそう理解しています。売国商売が成り立つのは、わが国の文明が素晴らしいからです。素晴らし過ぎるので、売国が商売として成り立つのです。敗戦後のマスコミは、ＧＨＱの思惑にこうべを垂れてしまったのでした。過去には、『古事記』が作られたのも軌を一にしています。

さて、漢字の文章に翻訳されたのは『ホツマツタヱ』の2アヤでした。ところが、大宇宙の認識は、もっと奥が深く広大な範囲にも及んでいたのでした。『ホツマツタヱ』の2アヤは、ダイジェストの要約に過ぎない、簡単説明の文章だったのでした。右のページをご覧ください。上の2アヤの個所は、7文字・5文字・7文字・3文字だけです、この個所が、下の段に記した『ミカサフミ』の「タカマナルアヤ」にはびっちりと詳しく記載がされています。

『ホツマツタヱ』や『ミカサフミ』などヲシテ文献には、大宇宙のすばらしい理解の文章がちりばめられていたのです。詳しく説明しますと、この新書版のスタイルの一冊分に余るほどです。何とかお伝えしたいと念願しています。うまくまとめて述べたいです。でも紙面に限りがありますので、今は、こんなにも凄いんだという、お話の説明に限らせてもらって、感動だけのお伝えにとどめさせていただきます。

アマテルカミの解明しておられた大宇宙の構造は、今から見直しても素晴らしいものがあります。現代の天文学や物理学の

ミ6-5
アワウビノ　アワハキヨクテ
ムネヲカミ　ウビハニゴリテ
ミナメカミ　ヲハカロキヨク
アメトナリ　メハオモリコル
クニノタマ　ウヲセノムネハ
ヒノワナル　ウメノミナモト
ツキトナル　アモトアラワレ
ミ6-6

→『ミカサフミ』『記紀原書ヲシテ増補版』下巻41017〜41023

知見に、構造的に近いものもあるほどです。

『ミカサフミ』の「タカマなるアヤ」は壮大な大宇宙の把握が、述べられています。アマテルカミがご説明してくださっています。

右の『ミカサフミ』引用個所の、現代文での要略を述べます。

アマテルカミがおっしゃいます。トヨケカミ（5代目タカミムスヒ・祖父にあたる）から教え授かった「タカマ」の事を説明しましょう。

アメツチの未だ現れざる大昔の事でした。大宇宙の生成以前の時に、アメのミヲヤ（大宇宙の創造の祖）の為すイキがキワ無く動き巡り及んで行きました。そして、アモトカミ（大宇宙の中心）が成り出でます。

ミ（みつるナビ） 近年に解明されてきた天文学の成果に照らしあわせますと、アモトカミとは銀河系宇宙の中心のブラックホールに相当するのかも知れません。アメミヲヤの身の丈の800万トメヂのなかには、幾つもの銀河系宇宙が包含されているようにも考えられます。

ウツホ（気体・岩石蒸気も含む）がグルグルと回転して、軽いものと、重いものが分離してきます。

ミ（みつるナビ）温度が極めて高い時には、金属も岩石も蒸気になります。つまり気体になります。高温の時から、冷めてくるに従って液化して、さらに固体に変化してきます。

丁度、水に脂（油）が浮いてくるような事ですね。長く天地に届くミ・ハシラ（生じて来ての中心、柱）を廻（めぐ）りつつ、軽重の分離が進んでゆきます。比較的に軽いものは「アワ」と言いまして、比較的に重いものは「ウヒ」と言います。軽い「アワ」はキヨク（透き通って）てムネ・ヲ・カミとも言います。「ウヒ」はニゴリ（煮て凝って くる。透き通っていなくて）てミナ・メ・カミとも言います。「ヲ」は軽るくキヨイ（来易い。透き通って）ので「アメ（天空）」になり、「メ」は重くて固まってくるのでクニのタマ（地球）になります。さらに、最も軽い「ウヲセのムネ」が集まってヒのワ（太陽）になりました。最も重い「ウメのミナモト」が集まってツキ（月）となりました。ここに、クニタマと、ヒと、ツキとのみっつの天体が生成されました。

「ウヲセ」の「ムネ」とは、最も軽いモノを意味しますから、現代的に言うと水素（H）にあたります。「ウヲセ」の「ウ」は特殊ヲシテ文字です。通常のウのヲシテ文字は「ウ」と表記します。原初に近い高エネルギーの状態を表すので、特殊文字が使われています。

「△」というように三角の上の方に横棒が付いているのでしょう。哲学概念を表す特殊ヲシテ文字です。

ヒのワ（日・太陽）は軽いモノが集まって燃えている、と、トヨケカミもアマテルカミも理解しておられたのです。太陽の発熱原理が、現代科学で解明されたのは、ほんのこの間の事でした。でも、すでにわが国では縄文時代か弥生時代においてトヨケカミもアマテルカミも理解しておられたのです。

3 国家のなりそめの頃

「日本」が国家として建国した時代は、考古学の時代区分の縄文時代の前期に相当します。この事実が隠されたのは、漢字[章末注1]が国字にされてしまった、15代の応神天皇の頃に遡ります。

我が国は、縄文前期の国家創建の当時、世界の最先端だったのです。

詳しく言いますと、少なくとも、縄文時代のうちの前期の中葉の頃には建国が成立したことになります。今から約５５００年を遡る時代に国家が出来たのは、世界の最先端にありました。

さらに、驚くべきことに、その伝統が今・現代に活きて伝わっている事実があります。エジプトも、メソポタミアも、その他の多くの古代に栄えた文明は、どこも断絶を経ていました。実に、我が国ただ一国だけでした、断絶していない文明は。『ホツマツタヱ』などヲシテ文献の発見と現代研究にて判明した真実から、今につながる本当の美しさを見出すことが出来ます。アマテルカミが使っておられたヲシテの文字で、そのすばらしいお言葉を読むことが出来るのです。

我が国の縄文文明の建国。そこに、導かれていった、その、原動力とは何でしょうか？『ホツマツタヱ』などヲシテ文献によって初めて判る事実を見てまいりましょう。『古事記』『日本書紀』の原書が『ホツマツタヱ』や『ミカサフミ』そして『カクのミハタ（『フトマニ』など）』です。漢字翻訳前の原書だからこそはじめて判ることが多く有ります。

「き・くさ」を「ツト」と言う言葉が出典しています。沢山の収穫ができる木や草の種や苗木をお土産にしての意味です。「ツト」は包みのお土産のことです。

『ホツマツタヱ』4アヤにあります。『記紀原書ヲシテ増補版』の上巻の行数番号20455からの2行を上に掲げます。国祖のクニトコタチさんが遣わした8人のミコカミは、作物の良い種や苗木

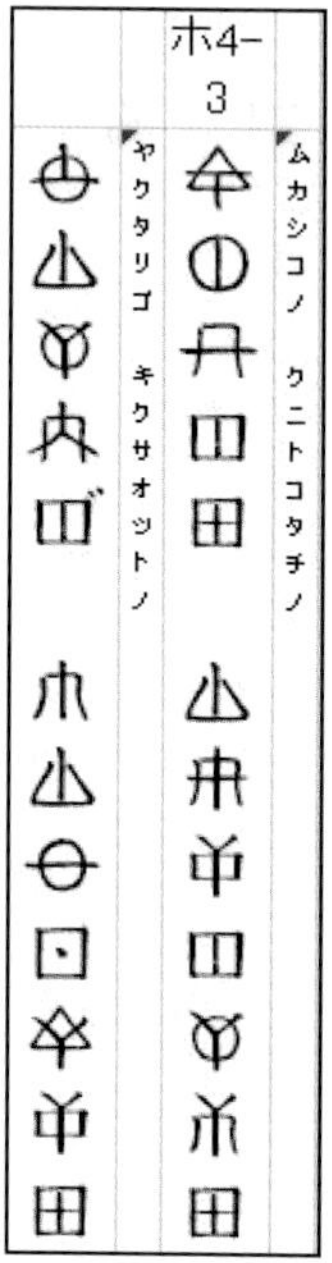

ホ4-3

ムカシコノ　クニトコタチノ

ヤクタリゴ　キクサオツトノ

をお土産物の「ツト」にくるんで持って行ったのです。こうして作物の増収に向けての技術伝播を根拠にして、建国が成し遂げられます。さらに、その価値意識の共有化を根底にしていたことが国家の成立に永遠性をもたらしました。今現代にいたるまで、わが国の皇室は連綿と続いています。永遠性をとなえる確たる根拠はここにあります。『ホツマツタヱ』などヲシテ文献の発見と現代研究で、その永遠性の秘密に肉薄できるようになりました。アマテルカミも御世の長く続くことを深く祈念しておいでになられました。それが、現代にまでも実現しています。さすが、アマテルカミであらせられます。御世を長からしめんと、多くの方策を施されておられたのが、アマテルカミです。そのことが、わたくしたち国民の幸せにつながるのですから、アマテルカミは真剣にお考え下さっておられましたのです。

青森県の三内丸山遺跡で、クリ（栗）は、栽培種であったことが発見されています。ヲシテ文献の記述と、縄文時代前期の中葉の発掘遺物とのふたつの事実がピッタリ合います。吻合していると言った方が理知的ですね。どう言いましたら良いのか解かりませんが、まさに、ピッタリなのです。国祖のクニトコタチさんの時代の記録とピッタリの

→青クリ

吻合です。『ホツマツタヱ』などヲシテ文献の文献学と、発掘の考古学、このふたつが合わせた鏡のようです。ダイズやアズキなども栽培種であった認識も広がってきています。今後とも、発掘研究が勢いよく続いてゆく考古学です。さらに、多くの整合性の発見が起きて来ることを、楽しみにしています。

クリ(栗)が栽培種である事が、「き・くさ」を「つと」(収穫量の多くてよい品種を各地域への土産物として)の根拠に考え得るわけです。なお、さらに考古学の新発見が進みますと、国家建国の根拠にはもっと古い時代に溯る発見がある事も予想されます。現代での考古学の研究成果からみますと、少なくとも5500年前には我が

←『ホツマ辞典 改訂版』（池田満、展望社）275ページ

275 解説　『ホツマ辞典 改訂版』（池田満、展望社）

アマカミの表

区分	名号			参考		
				区分	社会状況	統合宝璽等
カミヨ	初代	クニトコタチ 2－3		草期	住居・木の実栽培	トノヲシテ マサカキ暦
	2	クニサツチ（トホカミヱヒタメ）2－4				
	3	トヨクンヌ 2－5			稲作試作	
	4	ウヒチニ・スヒチニ 2－6		初期	稲作導入	トツギ（結婚）のノリ
	5	オオトノチ・オオトマヘ 2－15				
	6	オモタル・カシコネ 2－16			農耕生産の減衰	オノで罪人を斬る
	7	イサナギ・イサナミ 2－19, 4－39		中期	畜力耕作普及	トとホコ
	8	アマテル 6－7			ハタレの乱 高度の農耕技術	トとカガミとツルギ（三種神器） ヒヨミノミヤの設置
	9	オシホミミ 11－1				
	10	ニニキネ 24－6, 24－93	ホノアカリ 20－5, 24－93		灌漑事業による新田開発	二朝廷並立時代
	11	ホオテミ 26－25	ニギハヤヒ 27－14			
	12	ウガヤフキアハセズ 27－31				
ヒトノヨ	第一代	タケヒト（神武）29－66		後期		アスス暦始まる 二王朝の統合がなされる
	第二代	カヌガワミミ（綏靖）31－40				
	第三代	タマテミ（安寧）31－61				
	第四代	スキトモ（懿徳）31－75				
	第五代	カヱシネ（孝昭）31－83				
	第六代	タリヒコクニ（孝安）31－95				
	第七代	フトニ（孝霊）32－1				
	第八代	クニクル（孝元）32－33				
	第九代	フトヒヒ（開化）32－49				
	第十代	ミマキ（崇神）33－2			疫病の流行 古墳時代が始る	隣国との本格的な外交が始まる
	第十一代	イクメイリヒコ（垂仁）35－2				
	第十二代	ヲシロワケ（景行）38－1				

国の建国、つまり縄文建国のあったことが言えるわけです。世界史に、胸を張れる、早い時期の国家建国の肇始のひとつです。そして、我が国の特徴は、今の現代に、ちゃんと伝わる伝統を具備している事実が、類い稀なことでした。

初代のアマカミ（古代の天皇陛下）にご即位をなさいましたのは、クニトコタチでした。

縄文の時代に我が国の建国にと至るまでには長い年月の何千年と言う助走期間が必要でした。クニトコタチさんの「トのヲシヱ」の理念への昇華が起きて、国家の樹立が成り立ちました。「トのヲシヱ」の理念による建国でありますから、「トコヨクニ」と命名されました。つまり、わが国の建国当時の国号の名称は「トコヨクニ」でした。 後世に、漢字時代になってからの直訳語の「常世国」の概念を当て嵌めるのは、誤訳も甚だしいです。「常世国」は大誤訳です。死後の世界とも仙人の住む世界とも想像されていたのが「常世国」です。そこに逝(い)っちゃうのですから。ダメですね。幼児のためのおとぎ話にランク落ちさせるのが「常世国」への直訳です。おとしめですね。ヲシテ文字を読み書きできない人には、この「おとしめ」がいかにひどいことであるかの感覚が理解できない人が多いです。

そうではなくて本当の意味は「トのヲシヱ」での建国だから「トコヨクニ」です。「みんなで力を合わせましょう、それが幸せにつながります」と言う雰囲気です。現実に起きた「縄文建国」を表したのが「トコヨクニ」の国号です。ヲシテ文字で記しますと「(トコヨクニ)」となります。

国語が整ってきてこそ「トのヲシヱ」の概念は成立します。さらに、その前には「ニのこころ」が熟成されてきていたベースがあったのでした。わが国の縄文文明は、奥行きがとても深いのです。

「トのヲシヱ」

わが国の「縄文建国」の始めに「トコヨクニ」と命名された理由は、建国の理念があったことが元になります。建国の理念を、「トのヲシヱ」と言います。「トのヲシヱ」は、今に言う憲法に相当するとも言えましょう。

「トのヲシヱ」の理念は、「ニのこころ」の発展形の精神・理念であるとも表現できます。あとで、「ニのこころ」について説明をいたします。なにはともあれ「トのヲシヱ」の理念を根底として、よって国家の建国が成り立ちます。つまり、ヲシテ文字の「ト」のイメージが津々浦々に浸透していった事になります。

ヲシテ文字の「ト」のイメージを説明しましょう。縄文時代の前期には常識になっていた概念です。

ヲシテ文字の「ト」は、子音の「Y（t音）」の上から来たものを集めるイメージした造形に、母音の「ロ（オ列）」の響きが合わさります。母音の「ロ（オ列）」は固体を表しますから、固まるイメージです。すなわち、集まって固める雰囲気に纏まった

ミ6-9

ミナカヌシ　クニタマヤモニ
ヨロコウミ　ハツニヲウミノ
ヱトノコノ　ヱミコアニツギ
ヲウミタス　オトミコノスム
トシタクニ　コレイマハラノ
ミヤノナモ　トシタトイゝテ

ミ6-10

→『ミカサフミ』『記紀原書ヲシテ増補版』下巻41032～41037

概念です。多くの力を合わせ集めて一つに結集させてゆくイメージにもなるのが、「ト」のヲシヱです。さらに固定化した概念にと「トのヲシテ」とも表現され始めます。「ト」のヲシテ文字が、旗や絹などの染めの文書（アヤ）に広く使われだしたので、「トのヲシテ」から「トのヲシヱ」にと、使われ方も変化してきたのである

と推測できます。

「ト」のヲシヱ」での建国のこれ以前には、国家建国に至る長い助走の年月がありました。すごいですよ、考古学にいう先土器時代や縄文時代の早期です。無文化の時代から石器の時代に至り、さらに、土器の時代に移り行きます。

『ホツマツタヱ』などヲシテ文献、つまり「帝紀」「旧辞」で明らかになった我が国の文明とは、現代の常識より、はるかに長い年月を経て醸成されて来ていましたことが判りました。この助走の期間の間に用意されたこと、そのひとつには、土器の創作もそうです、住宅の建て方についても革新がありました。それが、具体的なことでした。

竪穴式の住居は、現代でも復活して懐古的に試しに宿泊する施設も建てられるケースが出て来ていますように、我が国の気候風土には居住する適性の強い住宅仕様であるようです。また、ヲシテ文字形の大まかな概要はこの時代に徐々に形作られていった可能性も濃厚です。長い年月にわたり、この、日本列島に住まいをして来ていて、小さな知恵の積み重ねが人々の間に培われ積み上げられて文化のストックが大きく為されてきました。そこには文章を形造る原理にも含浸せられていた「ニ」の精神もありました。

それらの文化の熟成・醸成されてきたベースがあって、もう一段昇華して発展した「トのヲシヱ」の国家建国の理念が出来上がって、クニ（国家）が成り立つ事になります。小さな知恵の集合体の上に、ヲヲヤケ（パブリック）の必要性が認識されて、国家の樹立の原動力になったのです。クニトコタチが、主導して建国した「クニ（国家）」は、国号（国の名称）を「トコヨクニ」と呼ばれる事になります。

どうして、「トコヨ」の国号なのか？　この意味は、「トのヲシヱ」の理念によって国家建国が成り立っていることを「ト」の概念を頭韻に冠（かん）して称したことにあります。

「ト」の概念は、知恵や力が集まり固まる事で、より良い相乗効果を生む意味です。

「コ」は、繋（つな）がり固まり確立することを意味しています。国家の建国の成就を表します。

「ヨ」は、さらにより良いクニになるようにとの願いを込めての意味です。

つまり、「日本」の初めの国家の名前は「トコヨクニ」でした。この意味からしても「常世」の言葉に直訳的に当てるのは間違いであることが解ります。道教の仙人の登場する神仙思想の発生したBC3世紀ころよりも、わが国の「トコヨクニ」の建国はずっとずっと、3500年は古いです。このゆえに「トコヨクニ」を「常世国」に直訳するのは、時代間違えでダメです。さながら、3500年の売国ですね、歴史をおとしめる売国です。「ト」の概念の「トのヲシヱ」に拠る「トコヨクニ」の建国の場所は、現代の琵琶湖の湖岸の地域です。現代の琵琶湖の湖岸の地域が「トコヨクニ」の建国の故郷であった根拠は、ヲシテ文献『ミカサフミ』6アヤ9ページ（11373）に典拠があります。

ミ6−9

ミナカヌシ　クニタマヤモニ
ヨロコウミ　ハツニヲウミノ
ヱトノコノ　ヱミコアニツギ
ヲウミタス　オトミコノスム

ミナカヌシ（初発の人類）は、クニタマ（地球）のヤモ（四方八方）に多くの子孫のヨロコウミ、そのハツ（初めてか？秀でたところか？）にヲウミ（琵琶湖のこと）の、ヱ・ト（ト・ホ・カ・ミ・ヱ・ヒ・タ・メ）の子孫のヱミコが、ア（先代のクニトコタチ）に

ツキ（継いで）ヲウミ（今の琵琶湖の湖岸地域）をタ（協力を旨として教えて）・ス（撫育して治めた）」。タスのタと言うことはヲシテ文字の「タ」の概念ですから多くの人たちの知恵や力を集めて統合した意味が込められています。

漢字の「治める」の意味は権力で押さえ付ける意味合いが強いので、「治める」への直訳は誤訳になります。ヲシテ時代には、その初期には、権力による強圧的な支配のありかたは根本的に無かったのでした。

なぜならば、「トのヲシヱ」が建国の理念になって、初代クニトコタチがアマカミとなって即位をしたからです。

注1：漢字が国字になった時期は、15代応神天皇か16代仁徳天皇の頃であったと考えられます。王仁の来朝による漢字の渡来、「論語」や「千字文」の移入が物語っています。

ヲシテ時代の終焉の時代は、過酷な動乱に遭遇していました。14代仲哀天皇の摂政の神功皇后の三韓征伐は不調に終わった可能性が高いです。

ヲシテ文献の記述の終わってから、ほどなく、12代景行天皇はミヤコをタカアナホ（高穴穂）に遷都されました。高穴穂のミヤは現代の滋賀県大津市坂本であったようです。のちの38代の天智天皇が大津に都を開かれたのも韓半島や大陸からの外圧に対するための対策でした。天智天皇は奈良の信貴山（高安山）にも武器庫を建てておられました。今も昔も、国防に気を使わなければなりません。それは、わが国が豊かで良い国家であるために狙われるからです。

12代の景行天皇も、同じ必要性のためにご高齢での遷都をやむなくご決断為されたのでしょう。それがタカアナホのミヤでした。次の代の13代政務天皇はタカアナホのミヤで政務をお執（と）りになられます。タカアナホのミヤは、現在の大津市坂本の1丁目、穴太（あのう）の高穴穂神社の付近が伝承地になっています。気苦労が重なられたのでしょうか、政務天皇はお若くして崩御なさいます。この時流の流れから、執政として政務をお執（と）りになられた神功皇后は、三韓征伐をなさいました。ところが、戦の勝敗は時の運も作用します。神功皇后は、帰国の際に歓迎されなかったのでした。さながら敗戦の将を迎えるようなありさまでした。

このような成り行きから、国家の立て直しをはかるために、やむなく漢字の導入がはかられたと私は推察しています。そして次第に、ヲシテは誰も読めなくなって忘れ去られたのでした。13代政務天皇の時から約400年、和銅4年（711年）に活躍した太安万侶も、すでにヲシテ文字も読めなかったようです。

4 「ニのこころ」の真実

「ニのこころ」が「日本精神」の礎だと判ったのは、平成24年(2012)に新発見された『カクのミハタ』に所収されていたと判断される『アワウタのアヤ』のおかげでした。富士山の河口湖のほとりで発見された写本です。貴重なることこの上なしと言える写本です。上記の引用個所の解説を加えてまいりましょう。

→『アワウタのアヤ』、『記紀原書ヲシテ増補版』には下巻、53227〜53231

アマテルカミのおん妹君のワカヒメさまが、ご決意をなさいました。

ニオウマン(「ニのこころ」を生まん)と、なさいますのでした。アマテルカ

←『アワウタのアヤ』、『記紀原書ヲシテ増補版』には下巻、53101～53104

ミの御妹君のワカヒメさまの思し召しです。

すなわち、「アワウタ」をフタ（アヤ）に染められまして人々に教えられ広められたのです。常に問い直していないと「ニのこころ」は曇ってくる、とワカヒメさまはおっしゃいます。その問いかけの文面は「アワウタ」が一番だとおっしゃいますのでした。

アマテルカミは、この話を、とってもお褒めになられました。ワカヒメさんにヒルコカミと褒め名を授与なさっておられましたがそれだけではまだ足りないとおっしゃいました。そこでさらに、ニフノカミ[章末注1]の称号もお授になられました。ニフノカミとは、「ニのこころ」を人々に広く普及させてゆく司の意味です。

この平成24年に新発見の『アワウタのアヤ』は、「ニのこころ」の概念の発見を、私たちにもたらしてくれました。そもそも「トのヲシヱ」を基本理念に建国した元には、「ニのこころ」の精神が長い年月に培われてきた歴史があったのでした。『よみがえる縄文時代　イサナギ・イサナミのこころ』（池田満、展望社）として公表しています。

　わが国の国土は、自然の恵みも大きいですが、地震や台風などの災害も頻繁に起こります。人々が助け合いを旨にするこころは、自然の営みに沿う形で形造られてきたのでしょう。「困ったときはお互い様」と言います。「ニのこころ」の起こった災害の多いわが国土の実際です。ヲシテ時代の中期、アマテルカミによって「ニのこころ」の哲学的な理解が深まってきました。古くから育まれた「ナカレキ」と「オヨクキ」の概念にも関連します。くわしくは、『よみがえる縄文時代イサナギ・イサナミのこころ』（池田満、展望社）をご覧願います。

　心情のことからしますと、「ニのこころ」は、とってもすばらしい、人のこころの真実からくる美しさです。大悪人だって、誰だって、他人を思いやるやさしさはあります。

「日本精神」の由来は、武士道よりももっと古くからある伝統でした。儒教の教えでもありませんでした。もっと縄文文明の古くからの根幹の精神であったことは疑わざる事実と言えます。

武士道は、江戸時代や安土桃山時代とか、鎌倉時代、いくら遡っても平安時代の後期までのことです。儒教にその由来を求めても、漢字渡来以降の時代でしかあり得ません。しかし、「日本精神」は脈々と縄文時代から流れて来ています。タマゴが先か鶏が先かの議論のようでもありますが、「日本精神」が縄文時代からあって、儒教の取入れの際にも取捨選択もして、また、武家の時代になると武士道にも形を変えて「日本精神」があらわれたと見る方が自然です。激動の明治維新以後も「和魂洋才」として「日本精神」は残ります。

本当の「日本精神」とは、「ニのこころ」に根差す、このような素晴らしさだったのです。「縄文建国」の時代の前から培っていた私たちの祖先の人たちは、まさに、すばらしい文明人と言えましょう。

羽子板のこと

「ニのこころ」の実例は、正月行事の羽子板（はごいた）に伝わっていました。古くは室町時代にも羽子板の行事は残っていたようです。現代ではその風景を目にすることもめっきりと減りました。お正月の行事で羽子板で羽根つきをしたことのあるお方も少なくなり、近頃では、経験のないお方も多いのでしょう。この羽子板の羽根つきは、実に、古くから伝わった行事でした。そこには、庇(かば)いあう、フォローの精神が込められていました。本当は落とさせないように、良いところに返すことが重要でした。相手を思いやってこそ、楽しくできるゲームです。羽子板は、そもそも学び合いをするため、心の向上をするためのゲームだったのです。これは『フトマニ』の記述で判りました。つまり、これこそ「ニのこころ」の精神です。

もうすぐ、考古学の発掘からもハゴイタが出土してくるかも知れません。楽しみです。でも、文献に出典があることを知らなかったら、現物を発見しても意味が解らないのでスルーしてしまう恐れもあります。それで、このことを皆様に知ってほしいと願うところです。このような精神性に関しての事は、文献学で初めてわかる大発見です。

『カクのミハタ』のうちのアヤ（一冊）の『フトマニ』のウタにハゴイタが詠(よ)み込まれ

ていました。

すゆん
すのゆんは（すべからく〈弓〉）　きの（男性）うつ（打つ）たまと
みの（女性）はご（羽子板）と　かはい（庇い）よこま（災禍）お（を）
きわむほきなり

『フトマニ』に編まれた文字並びのやり方は、３・９・１０・９・３でした。のちの時代の和歌の散らし書きに引き継がれてゆきます。３・９・１０・９・３の文字並びにしますと次のようになります。左右が対称形の姿です。造形的に、実に、とてもとても美しいです。

す　ゆ　ん
すのゆんはきのうつ
たまとみのはごとかは
いよこまお（を）きわむほ
き　な　り

「ス・ユン」の項目はハゴイタのお互いが庇(かば)いあうことで外敵からの防御をする、その精神の育成が込められたウタです。すべからくユン(弓)の防御をする意味が「スユン」です。お互いを、庇(かば)い合うのが、もっとも美しい相互の関係です。身に迫る危機にも喜びにも、関与の齎(もたら)し合いの極致です。それが、庇い合うという言葉です。庇(かば)い合いの言葉が耳慣れないとしましたら、サポート&ケアの感覚というと現代人にも解り易いかもしれません。サポート&ケアです。わたくしの健康維持のソシアル(社交)ダンスでも、基本がサポート&ケアなんです。初心の人にはサポートもケアもします。そのそして納得や満足をして頂いて充足に落ち着く事になります。こういった庇いあうことが、本当のスポーツの理念になったら、まことに素晴らしいものだと、わたくしはかねがねから思い続けていました。やっつけあうのは、何かしら、わたくしには違和感があります。喜んでもらってこそ、だと思うのです、何事も。

『フトマニ』の「スユン」の項目をお読み頂いても、むつかしいと思われるのには、漢字渡来以降に氾濫した大陸思想からの脱出がまだ勢いを得ず、本当の「日本精神」への離陸に難儀をしておられるのではないかと、わたくしは推察いたしております。その、

←『記紀原書ヲシテ増補版』上巻、20279〜20289

ホ2-11
ヤヨヒミカ　ミキツクリソメ
タテマツル　モゝトニクメル
ミキニツキ　ウツリスゝムル
メカミマヅ　ノミテスゝムル

ホ2-12
ノチヲカミ　ノミテマシワル
トコノミキ　ミアツケレバヤ
アスミアサ　サムカワアビル
ソデヒチテ　ウスノニコゝロ

ホ2-13
マタキトテ　ナモウビチニト
スビチカミ　コレモウビニル
フルコトヤ　オゝキスクナキ

難儀を解くのが私の仕事です。いまだ、至らなさをお詫び申し上げます。

やっつけあうのではなくて、庇い合う、これが大切な基本の事項のことだと、わたくしは考えます。

この感覚こそが「ニのこころ」です。

そう言えば、ひな祭りの発祥の起源のウヒチニ・スヒチニさまも「ニのこころ」だったのです。ウヒチニ・スヒチニさまは、4代目のアマカミです。男女の関係もそうですが、対人関係は、基本「ニのこころ」なのです。

『ホツマツタヱ』の2アヤに詳しく記されていました。上に引用いたします。

「ニのこころ」、「ニココロ」ですね、これがなくては、考え方や感じ方も違う男女がうまく仲良く生活して暮らしてゆくことなど、土台からして無理なことです。ウヒチニさんもスヒチニさんも、「ニココロ」の大切さを強く表明なさっておられました。

現代文にて解説をいたします。

4代目のアマカミは、ヲカミ（男性の指導者）のウヒチニでした。この時代に社会の構造に変革がもたらされます。時代の要請として、女性の社会的な役割が求められてきます。ウヒチニは、スヒチニを正室に定めます。ここに、婚姻の制度が起きました。サヒアヒ（サイアヒ）とも呼ばれる婚姻制度は、広くタミのあいだにも広まってゆきます。

サヒアヒ（サイアヒ）【詳細は未詳】の婚姻の制度のその元オリは、ウヒチニがヒナルノタケ（福井県越前市中平吹町、日野神社、日野山）のカンミヤにモモ（日本固有種のモモ）のキのミ（木の実）をお持ちになって皇位に即かれます。モモ（日本固有種のモモ）のミ（木の実）は、ヒナルのタケのカンミヤ（福井県越前市中平吹町、日野神社、日野山）の庭に植えられました所、3年の後にハナ（花）もミ（実）もモモ（百ほどにも多く）に咲き、実も成りゆくようです。それで、モモ（生じて固まる）のハナと名付けられました。

ウヒチニとスヒチニのフタカミの事を、モモヒナギとモモヒナミとお呼びすることになったのは、モモの花と実に由来します。

㋯（みつるナビ）大陸（China）には、「西王母の桃」の事が伝わります。３０００年に一度だけ実を結ぶという仙桃の話です。『漢武帝内伝』（222 ~ 589）に記されています。ヲシテ文献の「ミチミのモモ」（ホ 24-25(4858)）のことを指してます。奇跡的なことです。『漢武帝内伝』と『ホツマツタヱ』とはピッタリに一致しています。

ヲシテ文献の記述の解釈のことは微妙です。「ミチミのモモ」（ホ 24-25(4858)）の事を、３０００年と理解するか、とってもチのはたらきの優れた実であると理解するか？　微妙なところと言うべきでしょう。直訳にすると文意に齟齬が生じやすいです。３０００年と固定的に考えるのは、直訳に貶めての、どうもやられの感じが致します。いずれにせよ、『漢武帝内伝』の仙桃は、わが国のヲシテ時代の伝統から来ていることは、やっと判明したのでした。

→ 鞍居桃の花

仔細のご説明は煩雑になりますが、さらに申しますなれば、ヲシテ文献の「ミチミのモモ」（ホ 24-25(4858)）の現物探しは、大変でした。４０年前ごろには、産毛の生えるモモは、大陸原産だとどの植物辞典にも大書してあったのです。それが、近年では弥生時代の遺跡から、モモの種はゴロゴロと出土しているという事が、常識になっています。原生種の鞍居桃も発見されて保存活動も活発になってまいりました。変われば変わるものです。でも、植物辞典を開いてみてもらうと、あらためてびっくりします。もう常識が変わっているのに、いまだに「モモは、大陸原産だ」という文字が絵空事のように躍っています。『古事記』『日本書紀』の原書のヲシテ文献に対しての、スルーや無視と同じ対応です。いずれの日に、オセロのようにひっくり返るのか、楽しみです。

「ヒナ」の言葉が付きました意味は、ヒトに成るマエ（以前）で、男女のペアになってから一人前と言う意味です。ヒトの「ヒ」と、なる前の「ナ」で「ヒナ」と言うわけです。ハナもミ（実）もソ（揃う所）の木の実の由来によって、名前が付きます。ヲカミ（男性指導者）は「キ」です。そして、メカミ（女性指導者）は「ミ」と名が付きました。

クニトコタチの建国の頃はアマカミとお呼び申し上げていた、天皇陛下の呼称も、アマキミと呼ぶことが増えてきます。

春のもたらす雰囲気の「キ」が、男性の立場です。秋の結実（ミ）を生じるはたらきの方向が女性の立場です。

男女の揃ってペアになったヒトとして表明する婚姻の儀式は、ヤヨヒ（旧3月）ミカ（3日）に、ミキ（お酒）を醸し作って奉るのでした。モモのハナ（花）の許に、白酒のミキ（お酒）を酌みますと、細い三日のツキ（月）が器に映りました。三日月です。細いお月さまを映し浮かべてミキ（お酒）を勧めます。メカミが先ずお飲みになりまして、後にヲカミです。「ミ・キ（実を結ぶ・女性、春の兆し・男性）」のお酒の名称の通りです。ミ・キを飲みて男女が交わります。トコのミキです。後世に伝わる三々九度の杯です。「トのヲシテ」の精神で絆を固める「ミ・キ（実を結ぶ・女性、春の兆し・男性）」のお酒です。

ホ11-24

ヒノキミノ　ミヤモルカラス
コカネハク　ツヒニキカヤモ
コカネサク　イサコウミコモ
シカシカト　ナガメタガワス
コカネサク　ヒサミルヤマト
タヽヱタマヰキ

（ササケの言葉のいわれは、2アヤの末に詳しく出ます）「ミ（生じてくる）」の夫婦としての意識が篤く備わって、正月の3日アサ（朝）には、サムカワ【詳細は未詳】で浴びられます。河でのミソギです。ソテ（袖）の濡れ方に大小の違いがありました。ヲカミは大きくヒチ（濡れる）て、メカミは少ないヒチ（濡れる）でした。それは、水浴びをした際にヲカミがメカミを庇（かば）ったからで

→『記紀原書ヲシテ増補版』上巻22027～22032

した。「二（にこやかな、優しい）」のお心です。「ウ（大きい）」と「ス（少ない）」の「二（にこやか）」のこころの、仕草に現れた尊いことだと、ウヒチニさん、スヒチニさんと呼ぶようになります。

ウ・スの「ニこころ」とは、素晴らしい表現です。仲良きことが、最善であります。カラスでもそうです。ウチに来るカラスのカップルも仲良しです。毎朝、カラスのカップルのふたりは、隣の屋根か電線に止まって待っています。ウチのカラスふたりも「ニのこころ」です。ウチに居ついているカラスの二羽のこと、どうにもふたりと言ってしまいます。毎朝見ていると、オスのダイちゃんは、可愛いメスのシャイちゃんを見守っていたりしています。毎朝のカラスの食事はズームでUPもしています。楽しいのでご覧ください。アマテルカ

ミのミヤモルカラス（８４ページに引用のホ11アヤ23ページ）と、よく似たような感じかも知れません。都会だと、近所迷惑にもなりますので、田舎ならではの事例だとご理解願います。そもそも、わが国は豊かです。普通に暮らすには、しあわせな風土です。「に」って発音しましたら、自然に笑顔になります。写真撮影の際には、「チーズ」の掛け声よりも「にー」の方が良いと提唱したいです。「チーズ」の言葉は「チー」の時は笑顔になりますので良いですが、「ズ」になると、口先がすぼまって尖(とん)がってきますのでヒョットコ風のイヤミな表情にもなってしまいます。

「ニのこころ」と言うと、なんだか難しそうと、思われたかも知れませんが、にこやかな、優しいこころは身近にあふれています。幼子(おさなご)が母親に用もないのに「おかあさん」と呼びかける、母は「はい、なあに」とにっこりと微笑みかえす。これが、「ニのこころ」の原風景です。

5 ヤマトコトハのミチ

「ニのこころ」の概念は、国語の面から見直してみますと、思いもよらないほど深い位置を持っていることが判ります。

つまり、「ニのこころ」は、ヤマトコトハのミチの根幹にもなっていました。文章を成り立たせる文法の基礎をヤマトコトハのミチと言います。

現代では、西欧文法の移入が明治期におこなわれましたので、英語教育の文法でのお馴染みの、S・V・O・Cに代表される文型の「主語＋述語・動詞＋目的語＋補語」の形式などのS・VやS・V・C、S・V・O、S・V・O・O、の五つが常識とされてきました。すべての文型にS（主語・subject）が文頭に冠されているのが当たり前です。

明治になってから、国語文法を欧米語の常識で見直す行為が蔓延しました。かの立派な大槻文彦博士も、その例外ではありませんでした。主語探しの迷妄に執り付かれてしまったのが、明治以降からの惨状でした。

よく考えてみてください。国語の文章には主語を必要としていない文型は、とくに多いのです。このことは、浅野信博士（明治38年生まれ。『日本文法文章論』昭和39年刊など多数）が解き明かしてくださっていました。わが国の戦後にも素晴らしいお方がおいでであったのです。

冷静になって、あなたも、普通に使っている文章を思い起こしてみてください。きっと、主語無しの文章はたくさん使っていることでしょう。

逢え**て**うれしいわ。（テの構文。修飾文。上詞に動詞がくる）

じゃ、6時**に**待ち合わせね。（にの構文。帰着文。目的を表す客語が上詞にくる）

6時**を**忘れないで。（に（を）の構文。帰着文。目的を表す客語が上詞にくる）

遅れ**て**ゆかないよ。（テの構文。修飾文。上詞に動詞がくる）

この4文例で、主語は、どこかに見当たりますでしょうか？　そうですね、ありませんね、主語はどこにも無いです。そうなのです。わが国語の文章は、主語を必要とする文体は、国語の文型の四つのうちのたったひとつの「主述文」だけだったのです。「主述文」の文例を掲げます。

わたしは、遅れないわ。

（ハの構文。主述文。上詞に主語がくる）

国語文法は、「テニオハ」あるいは「テニハ」として、ヲシテ文献に出例があります。「テニオハ」の典拠は『ホツマツタヱ』の序文にありました。文章の行き違いは、書き写し間違いもあって古来からみなさま心を痛めている問題でした。『ホツマツタヱ』の最終編集をしたオオタタネコは嘆きました。写本が7か所にあるけれど、「テニオハ」の間違いが見受けられる。という記述です。いつの世にもミスプリは、もぐら叩きのように、

イソニツク　コレオヨソニテ
フネワレテ　タツトミツチノ
チカラヱテ　コレアヤマレル
テニオハゾ　スペテナゝヤノ
シルシフミ　コトナリガチハ

ホ0-20

ポコポコと出て来ては悩まされます。オオタタネコさんは『ホツマツタヱ』を最終編集して12代のヲシロワケさん（景行天皇）に奉呈したのでした。この時にオオタタネコさんは234歳だったと、奉呈文の中で自著しています。百歳なんて、まだまだです、オオタタネコさんの

長生きを見習いましょう。

オオタタネコさんは、やむに已（や）まれぬ使命感から長生きをなさいましたと推察されます。わが国の国家建国の真実が忘れ去られてはならない！　と、強烈なご意思の表れでありましたでしょう。それで、２３４歳のご長寿の実現です。

「テニハ」の言葉は、『ミカサフミ』の序文に記されていました。『カクのミハタ（『フトマニ』など）』と『ミカサフミ』、『ホツマツタヱ』の３書が備わって、ミクサタカラの

ミ0-3

ミグサノリ　ソナフタカラト
ミコトノリ　シカレトカミヨ
ヰマノヨト　コトバタガエハ
ミチサカル　コレモロイヱノ

ミ0-4

ツタエフミ　イマノテニハニ
ナツラエテ　カタチトワザト

ミチがなお一層に明らかになったと、『ミカサフミ』を最終編集したヲヲカシマさんは讃（たた）えておられました。ただ、何百年も経た文章は文法が変化していてわかりにくいことを嘆いておられました。カミヨの本当の光輝を取り戻したいと念願なさったのがヲヲカシマさんでした。さすが、藤原家のご先祖です。アマノコヤネ

のご子孫ですから尊いです。ヲヲカシマさんは２４７歳で『ミカサフミ』を上梓して奉呈なさいました。当本の表紙の装幀には、２４７歳のヲヲカシマさんを讃えました。フヂ（フジ）の花が香りを振り撒いて、すばらしいさまの写真をこの本の表紙の装幀にしました。それとイセ（伊勢）のウミです。ヲヲカシマさんは晩年にイセにお住いしてアマテルカミのお祭りを長くなさいました。わが民族の未来の幸せと、世界の人々の幸せを祈ります。

「テニオ（を）ハ」も「テニハ」も同じようなものです。ここで省略された「〇（を）」は文法的には、〇（ニ）の構文と同じなので略されても当然とも言えます。〇（を）を含む〇（に）の構文の文型は帰着文でして、目的を表す客語が上詞にくる文章です。意思発想の文です。上詞の客体に対して、下詞はどう対処をするかを表す文型です。ですから、主語は不要なのです。例文を掲げます。

幸せを祈ります。

と言う文章は、そもそも主語を必要としないのでした。「何をどうする」や「何にどうする」の意思の発想の文型には、主語は不要なのです。

「テニハ」の３文型に、あと、独立文（感動文）の「痛い！」とか「まぶしい！」とかのキレを自ずからに持つ文章形態の一つがプラスされての四文型が国語のすべての文型です。この、分類を知れば、明治以降からの「主語探しの悪循環の迷妄」に終止符を打つことが出来ます。

要するに主述文だけは主語が必要ですが、それ以外の多くの文型には主語は不必要だったのでした。浅野信博士（明治38年生まれ。『日本文法文章論』昭和39年刊など多数）に感謝をしております。明治以来の虚構の迷妄を覚ましてくださいました。国語において、そもそも主語は多くの場合要らないのです。不要です。無いモノ探しに明け暮れた明治以降が何ともヘンです。これで、勝者なき主語探しの罰ゲームから解放されます。

明治の欧米文化の取入れのその以降の英語教育から、国語教育の場面でも、国語理解にも深い影響を与えました。今、主語がどれなのか？　と、主語探しが文法の主眼点にもなってしまいました。でも、おかしな話です。この成り行きは間違っていました。わが国文法の構文の基礎には、主語を必要とする文体は、割合として少なかったのです。主語を必要としない文体が多くあるのに、屈折語のイギリス・フランス・ドイツなどの文法を軌範として理解しようとしたのが、大間違いでした。

文化文明の発祥の地から離れたところでは、一般民衆にもわかり易いツールが求められます。漢字の文化もそうです。画像的な漢字の理解のしやすさは抜群です。神功皇后の三韓征伐での良くない戦績や、天智天皇の白村江での明らかな敗戦で、わが国は委縮したのでした。大東亜戦争の敗戦の際とそっくりです。

イギリス・フランス・ドイツなど英米流の文法もギリシャ・ローマの文法からすると辺境に花咲いた花です。誰でもわかり易いことを主眼にした文法です。わかり易いのはよいことですが、表現の自由度は大きく制限されます。このため、不可逆的な翻訳と言う問題も、起きることを耳にします。

現代にも、留学生などの近来の渡来の人は、カタコトの日本語の雰囲気が、なかなか抜けません。母国語との違いは敷居が高いと思います。バベルの塔は、現代も、本当に大問題です。AIが克服してくれることを切に期待します。

現代に少しでも補助をしたいです。わが国語の基本文型のテニハを説明しましょう。

逢えてうれしいわ。（テの構文。修飾文。上詞に動詞がくる）

じゃ、6時に待ち合わせね。（にの構文。帰着文。目的を表す客語が上詞にくる）

6時を忘れないで。　（に（を）の構文。帰着文。目的を表す客語が上詞にくる）

遅れてゆかないよ。（テの構文。修飾文。上詞に動詞がくる）

わたしは、遅れないから。（ハの構文。主述文。上詞に主語がくる）

あと、もうひとつ。独立文（感動文）があります。

早かったわね♡！　（キレの構文）

待たせたくない、早く逢いたいのが、男女お互いの気遣いです。

わが国のヤマトコトハの文法は、四つの文型の構文で出来上がっていました。それがテニハだったのです。

テの構文。ニの構文。ハの構文。それとキレの構文の独立文です。

シンプルでした。国語の構文論は、とってもシンプルです。それが、「テニハ」や「テニオ(を)ハ」の言葉で言い表されていたのでした。

ヲシテ文献ではじめてわかったヤマトコトハのミチを説明しましょう。本邦初の歴史的な発見です。

この発見は、平成24年に出現した『カクのミハタ』の『アワウタのアヤ』があってのことでした。ここに詳しく記されていました。

ア−027 ナカレキハ ケリノオヨクキ

ア−028 コトナラス イカタトカモノ

ア−029 ハシメヨリ ヤマトコトハノ

ア−030 ミチアキテ タツナカツホノ

ア−031 チマトヨリ テニオハニツキ

ア−032 ミチヒキテ コトハツカヒモ

ア−033 コノウタノ ナカノナナネオ

ア−034 モトトシテ ヒトノムツネニ

『記紀原書ヲシテ増補版』の下巻の行数番号53128からです。

「なかれき」と「およくき」とのカップリングの対比によって文章が成立します。「なかれき」とは上詞を指します。「およくき」は下詞を表します。文章の構文が成り立つ原理は、偶数の語彙のブロックの対比が「切れ」によってつながることにあります。「切れ」には、さらに「テニオハ」の「に（ヲシテ文字）のこころ」が添えられることも多いのです。

複数の語詞の文で、て（ヲシテ文字）の構文とに（ヲシテ文字）

の構文には主語は必要ではありません。ハの構文の主述文だけが主語を立てます。例文を見てみましょう。

①**お昼ご飯、食べる。**（キレだけの構文。くわしいことが判らない）

②**お昼ご飯を食べよう。**（に（を）の構文。帰着文。目的を表す客語が上詞にくる）

③**お昼ご飯は食べた。**（はの構文。主述文。上詞に主語がくる）

④**やっとお昼御飯だ！**（キレの構文。感動文）

⑤**食べて帰ろう。**（テの構文。修飾文。上詞に動詞がくる）

①の文例では、上詞と下詞との関係性が不明確なところ、②や③の文例になると文意が明確になります。たったひとつの助詞の「を」と「は」の違いだけです。これが「テニオハ　ニ　ツキ　ミチヒキテ」の要点でした。（88ページ参照）つまりアマテルカミの御世の時にヤマトコトハのミチは「テニオハ」として確立されていたのでした。

ニの構文は、国語独自のものです。ここに「にのこころ」が詰まっていたのでした、縄文時代の大昔からのわが国の特質です。欧米の文法の構文構成はS・V・O・CなどのS・VやS・V・C、S・V・O、S・V・O・Oが基本形です。これらは、国語文法でいうなればすべてハの構文である主述文です。ですから主語のS（subject）を必要としていたのです。

275 解説『ホツマ辞典 改訂版』（池田満、展望社）

アマカミの表

区分	名号		参考 区分	社会状況	統合宝璽等
カミヨ	初代	クニトコタチ 2−3	草期	住居・木の実栽培	トノヲシテ マサカキ暦
	2	クニサツチ（トホカミヱヒタメ）2−4			
	3	トヨクンヌ 2−5		稲作試作	
	4	ウヒチニ・スヒチニ 2−6	初期	稲作導入	トツギ（結婚）のノリ
	5	オオトノチ・オオトマヘ 2−15			
	6	オモタル・カシコネ 2−16		農耕生産の減衰	オノで罪人を斬る
	7	イサナギ・イサナミ 2−19, 4−39	中期	畜力耕作普及	トとホコ
	8	アマテル 6−7		ハタレの乱 高度の農耕技術	トとカガミとツルギ（三種神器(みくさたから)） ヒヨミノミヤの設置
	9	オシホミミ 11−1			
	10	ニニキネ 24−6, 24−93 ／ ホノアカリ 20−5, 24−93		灌漑事業による新田開発	二朝廷並立時代
	11	ホオテミ 26−25 ／ ニギハヤヒ 27−14			
	12	ウガヤフキアハセス 27−31			
ヒトノヨ	第一代	タケヒト（神武）29−66	後期		アスス暦始まる 二王朝の統合がなされる
	第二代	カヌガワミミ（綏靖）31−40			
	第三代	タマテミ（安寧）31−61			
	第四代	スキトモ（懿徳）31−75			
	第五代	カヱシネ（孝昭）31−83			
	第六代	タリヒコクニ（孝安）31−95			
	第七代	フトニ（孝霊）32−1			
	第八代	クニクル（孝元）32−33			
	第九代	フトヒヒ（開化）32−49			
	第十代	ミマキ（崇神）33−2		疫病の流行	隣国との本格的な外交が始まる
	第十一代	イクメイリヒコ（垂仁）35−2		古墳時代が始る	
	第十二代	ヲシロワケ（景行）38−1			

→初代クニトコタチの時代にヤマトコトハのミチが形作られていた

ところが、わが国独自の構文の[に]（[を]）の構文とは、つまり帰着文は目的語（客語）に対しての対応を表す、意思の発意表明の構文の構造です。西欧文法にないわが国に独自の帰着文の構文は、すばらしいものです。意思の発露をダイレクトに示すことが出来ます。そして、もちろん主語を必要としないのでした。

「なかれき」「およくき」の対比の構造の秀逸さがここに光ります。国祖のクニトコタチさんの頃から培われてきた概念が「なかれき」「およくき」です。「何をどうするか？」あるいは「何にどうするか？」を言う構文です。イカタ（筏）が作られて、フネにと進化してくる頃の大昔から、現状認識の「なかれき」と、対処を考える「およくき」のふたつの対比の構文が[に]（[を]）の構文の帰着文だったのです。

翻って考えますと、欧米文法で主流の[は]の構文である主述文の「何はどうだ」は、解説者的な立場で説明するような構文と言えましょう。なにか、よそよそしいです。自分の意思が表明されにくいです。

[に]（[を]）の構文の帰着文を基本構文にそなえるわが国語は、「[に]のこころ」が詰まっていたと言えます。縄文時代の大昔からの伝統でした。

左に、単音助詞の表を掲げました。「な」の列は、基本の音意が「成る」の意味合いです。そこから反転して否定の意味が生じました。「な」「ぬ」「ね」は否定の意味が付加されています。でも、「に」は否定の意味はありません。「さ」「し」「す」と比べると、どうして？「に」だけ否定の意味が加えられなかったのか。疑問に思えますね。そこが重要です。「に」は特別な音意なのです。ニの構造のもとであり、それが「ニのこころ」そのものであるのです。

「ニのこころ」の構文の国語における根本的な位置についてご理解願えましたでしょうか？「ニのこころ」は「縄文建国」の初めからわが国の特有の文化・文明だったのです。そして、今現在にも

単音助詞の表

	A	I	U	E	O
・					
K					
H					
N					
M					
T					
R					
S					
Y					
W					

脈々として受け継がれてきている神秘に、深く感動をします。わが文明の永遠なり！と感動を覚えるところです。

「ニのこころ」が集まれば社会はとても住み良く暮らしやすいものになります。もう一段のブレークスルーをはたして「トのヲシヱ」の概念に発展させたのがクニトコタチさんでした。ここに、「縄文建国」が樹立されました。

つまり、「縄文建国」に至る歴史には、イカタ（筏）やフネが作られ始める大昔から、ヤマトコトハの熟成と成立があって、そこには「ニのこころ」が培われてきていました。その文明の基礎の「ニのこころ」を元として、クニトコタチさんが「トのヲシヱ」を謳い上げて国家建国の理念としたのでした。

わが国は、「縄文建国」に先立って、「ニのこころ」によるヤマトコトハの文法が長い年月をかけて練り上げられていたのでした。

わが国は、縄文時代の前期から国語が発達してきました。それとともに、「ニのこころ」の精神がともに日本精神の根幹として根付いてきました。もう、現代には６０００年にも歴史を重ねてきました。びくともしない大精神になっています。儒教が来ても、何が来ても「ニのこころ」の精神ですべて呑みこんでまいりました。さらに、国祖のクニトコタチは「トのヲシヱ」の精神に発展させました。わが国の文明は「ニのこころ」や「トのヲシヱ」にあることが、やっと判明しました。

「ニのこころ」に依拠する、国語の独自の文型の帰着文を「ニの構文」として表すことを提唱します。

注1：ニフノカミは、丹朱（たんしゅ）のニフにも関係します。金を銅にメッキする水銀アマルガムの方法は、トヨケカミがすでに技術確立をしておられました。『カクのミハタ（『フトマニ』など）』の『アワウタのアヤ』に詳しく典拠がありました。（ア‐101〜148、53201〜53248）

ワカヒメさんがカナアヤ（金属で作ったアヤ）に、金メッキを水銀アマルガム法ですることを、トヨケカミが指導なさいました。その、ゆかりの神社がありました。高野山の中腹の丹生都比売（ニフツヒメ）神社です。水銀を含有する辰砂を採掘して、精製し、水銀と丹朱を取り出します。この生業をワカヒメさんはトヨケカミから授かったのでした。それで、ニフノカミの称号を賜ることになりました。

5 国家の発展の頃

初代から2代目にかけての時代

初代のアマカミ（古代においての天皇陛下）に即位したのは、クニトコタチでした。考古学に言う縄文時代の前期の頃です。栽培種の植物が植栽され始めたのを、「キクサ（良い品種）をツト（土産）」として文化伝播が「縄文建国」の時期を定める根拠になります。栽培種のクリが全国的に広がっていったのを「縄文建国」の根拠にして考えています。

ホ4-3

ムカシコノ　クニトコタチノ

ヤクタリゴ　キクサオツトノ

→『記紀原書ヲシテ増補版』上巻20455～20456

この時代には、何代にもわたって、同一の名乗り名が使われていたと推測されます。クニトコタチもお一人ではなくて、何代にもわたって襲名したと言う意味になります。やがて、遠い地域に住む人たちからも、建国についての賛同の要請が寄せられてきます。

各地の地方からも、クニトコタチ建国の「トコヨクニ」に加えて欲しいと言う要望です。「トのヲシヱ」の理念によってクニ（国家）を建国すると、より高度な視点での広い、誰もが納得できるヲヲヤケ（パブリック）が出来る事で、もっと長い年月の展望が可能になって。さらに豊かに平和な暮らしが出来得ます。この原理についての理解が広まっていったのでした。これが「縄文建国」の原点です。

各地域からの要請に応じて、各地方の8方面に建国の理念の伝達指導の人（ミコカミ（指導者））を派遣する事になります。建国の中心のヲウミ（琵琶湖の古名）の湖岸から、東西南北と、東北・東南・西北・西南の方面の合わせて8方面に、建国の理念の指導の使者が派遣されました。そして、その各地域で建国が引き続きおこなわれてゆきます。

この時代を、2代目のクニサッチの時代と言います。初代のアマカミ（古代の天皇陛下）がクニトコタチでして、建国の礎を樹立したのでした。この後を受けて、クニサッチは2代目のアマカミ（古代の天皇陛下）として、それまでは、小さな国家の成り立ちであったクニが、更なる、大きな版図におのずと広がってゆく発展が、この時期に花開き拡大するに及んでいった、そんな時代を総称しての呼び名です。サツチの「サ」はヲシテ文字の「Φ」が示すように、子音の横棒は地表などをイメージしています。上から降り注がれたメクミ（恵み）が地表に当たってサーッと広がるイメージを示します。

東西南北と、東北・東南・西北・西南の方面について、それぞれ、ト・ホ・カ・ミ・ヱ・ヒ・タ・メの一音の名称が付けられて呼ばれます。トのミコト・ホのミコト・カのミコト・ミのミコト・ヱのミコト・ヒのミコト・タのミコト・メのミコトと、各々が呼ばれます。ト・ホ・カ・ミ・ヱ・ヒ・タ・メとは、季節の移り変わりの（トホカミヱヒタメ）を方角に表した名称でもあります。各地方を守り、あわせて季節を守り、各方角をも守ることを願っての命名でした。

初めには、長兄の北の「ヱ」は、建国の中心のヲウミ（琵琶湖の古名）でした。冬の季節を守ります。

南の「ト」は、富士山の見える地域（東海道諸国）で、夏の季節を守ります。

東の「タ」は、今の東北地方で、春の季節を守ります。タカミムスヒを名乗ります。西の「カ」は、中国大陸の「夏（カ）」にゆかりが求められそうです、そして、秋の季節を守ります。

そのそれぞれの間の、北東・東南・南西・西北に当たる「ホ」・「ミ」・「ヒ」・「メ」の位置は、なぜか季節の配列とは対照的に真逆になっています。これはナカのクタ（天の川）（ミルキーウェイ・銀河）から地表に及ぼしてくる位置が、1日の内にも、大きな循環では1年の内にも各々の逆の方角に変化してくるためです。季節と「ト・ホ・カ・ミ・ヱ・ヒ・タ・メ」の関係を説明しましょう。ここは、むつかしいですから、丁寧に説明します。縄文文明って本当に高度だったのです。現代人に説明するのが難しいほどです。

「ト」の季節は、ナツ（夏）の後半を表します。夏至に始まるひと月半の季節です。季節の移り変わりを表す方法に、温かさを齎（もたら）す働きと、冷たさを齎す働きの、ふたつの拮抗して及ぼしてくる働きがあると理解されていました。温かさを齎す働き（「カミ」）と、冷たさを齎す働き（「カミ」）は、現代的に解かり易いように、それぞれを4本の棒に例えて考えてみます。ヲシテ時代中期までの用語では「カミ」として「働き」を表現しています。「働き」の意味である「カミ」の力を、「棒」として現代的にたとえてみます。

4本の温かさを齎(もたら)す棒と、4本の冷たさの棒での表現ができます。季節のそれぞれの

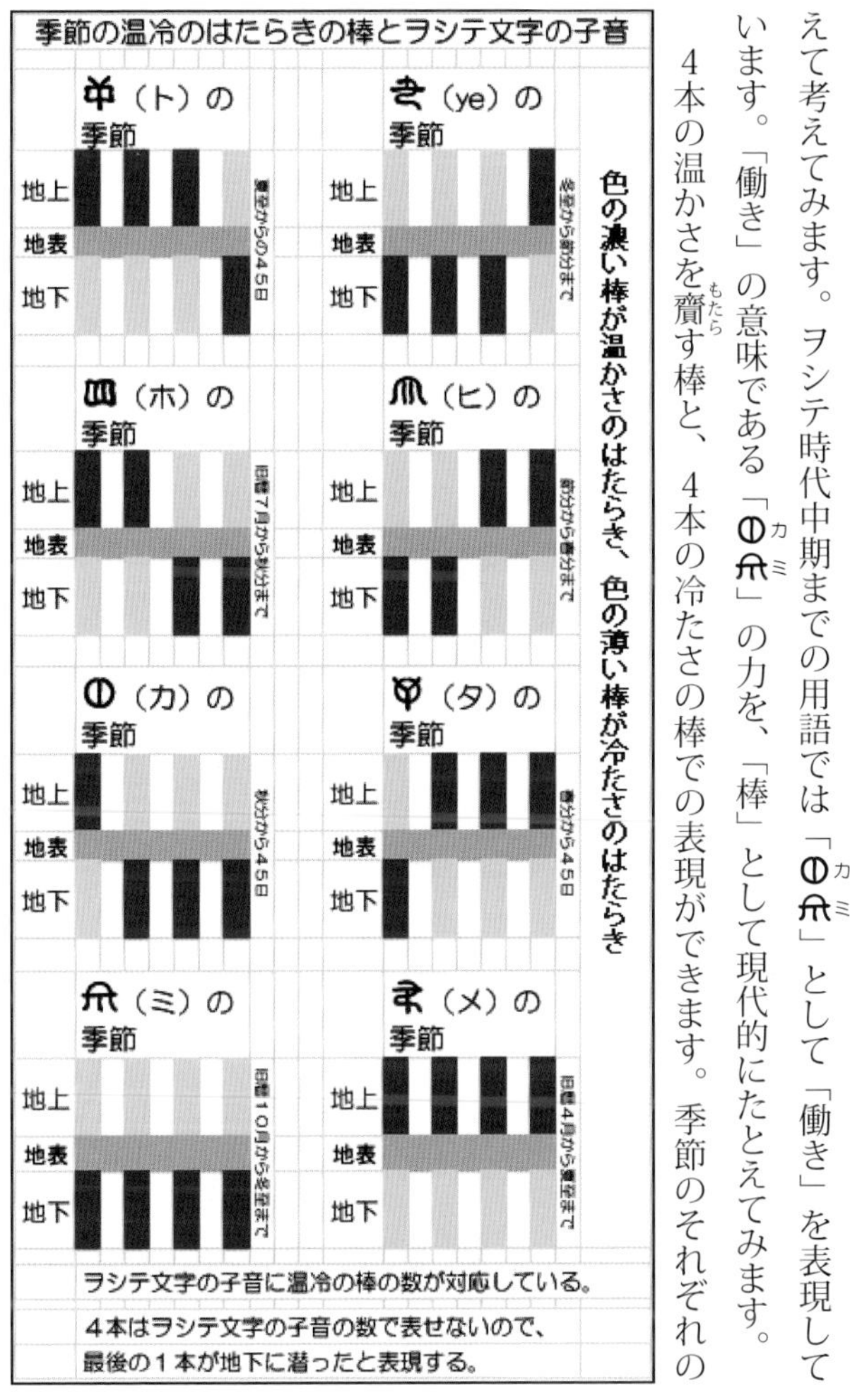

時に、地表にある「カミ」の「働き」の力の「棒」は、全部で、４本の数は常に一定です。その中で入れ替わりが、季節の移り変わりに応じて変化が起きます。

季節を順順にたどって見てみましょう。

「ト」、ナツ（夏）の季節（後半）

現行暦の６月21日ごろの夏至から始まるひと月半、これからの約45日間の「ト」の季節は、３本の温かさの棒が立った状態です。

全体が４本の冷温の棒で表されますから、縄文時代の人々はこういうヲシテ文字のイメージからの哲学感覚も理解に深かったのですね。それで、ヲシテ文字の深い意味も自分たちでさらに深めて理解していったのです。抽象概念の使いこなしも、ヲシテ文字のイメージから、得意だったのでした。それが私たちのご先祖さんでした。ですから、後の時代の漢字文化も難なく併呑してゆくことが出来たのです。漢字の抽象化はより簡単です。でも、便利だったのですね、ヲシテよりも。

高度な文明を内に秘めつつ、実利を追求するのは、明治時代にも「和魂洋才」と言う形でまた再現がなされていたようです。文化・文明の出会いの後、どちらが呑みこまれるか、鎬(しのぎ)を削るバトルが繰り広げられます。

さいわいなことで御座います。クニトコタチさんの「ト(ヲシテ文字)のヲシヱ」建国はきわめて秀逸でした。世界的に最先端を突っ走る「縄文建国」です。さらに長い年月をかけて培った「ニ(ヲシテ文字)のこころ」を根底に持っていたのでした。いわずもがなの大文明です。わが国、「日本」は。それでなのでした。わが国の歴史において度重なる困難が起きた際も、知らず知らずにおいてのママに、「ニ(ヲシテ文字)のこころ」「ト(ヲシテ文字)のヲシヱ」の精神で幾たびもいくたびも再興がはかられてきています。これが、『縄文文明』の真実です。

さて、「ト(ヲシテ文字)」の季節をもう少し詳しく説明しましょう。

冷たさの棒は1本だけ立っています。4マイナス1で3本になります。この、3本の温かさの棒がヲシテ文字の子音の形に当てはめられています。ト(ヲシテ文字)の子音のY(t音)は3本の集まりです。理知的ですね。この季節は温かさの棒が、人の身体の内にまで向かって作用をしてくる季節を表現したものです。

「〔ホ〕」、アキ（秋）の季節（前半）

現行の暦の8月の初旬に始まるひと月半、約45日間の「〔ホ〕」の季節は、旧暦の7月（フミツキ）の初めから始まるひと月半の季節です。旧暦の感覚での、アキ（秋・〔アフミツキ〕）の前半のひと月半が「〔ホ〕」の季節です。「〔ホ〕」の季節のアキ前半に入ると、温かさの棒の2本と、冷たさの棒の2本とが並んで立ってきます。温かさの棒の2本が、「〔ホ〕」のヲシテの文字形の四角の中の〔h音〕の2本の棒に表現されています。

「〔カ〕」、アキ（秋）の季節（後半）

「〔カ〕」の季節は、秋分の日から始まるひと月半の季節です。旧暦では、8月の中頃に始まります。ひと月半、約45日間のアキ（秋）後半の季節です。現行暦の9月の21日ごろの秋分の日からがアキ（秋）の後半の季節になります。

温かさの棒は1本になり、冷たさの棒が3本立ってきます。温かさの棒の1本が、ヲシテの文字形の「〔カ〕」の丸の中の〔k音〕として一本棒で表されています。全体が4本のうちで冷たさの棒が3本立ちますと、空気にも清涼さが際立ってきます。旧暦の9月の満月

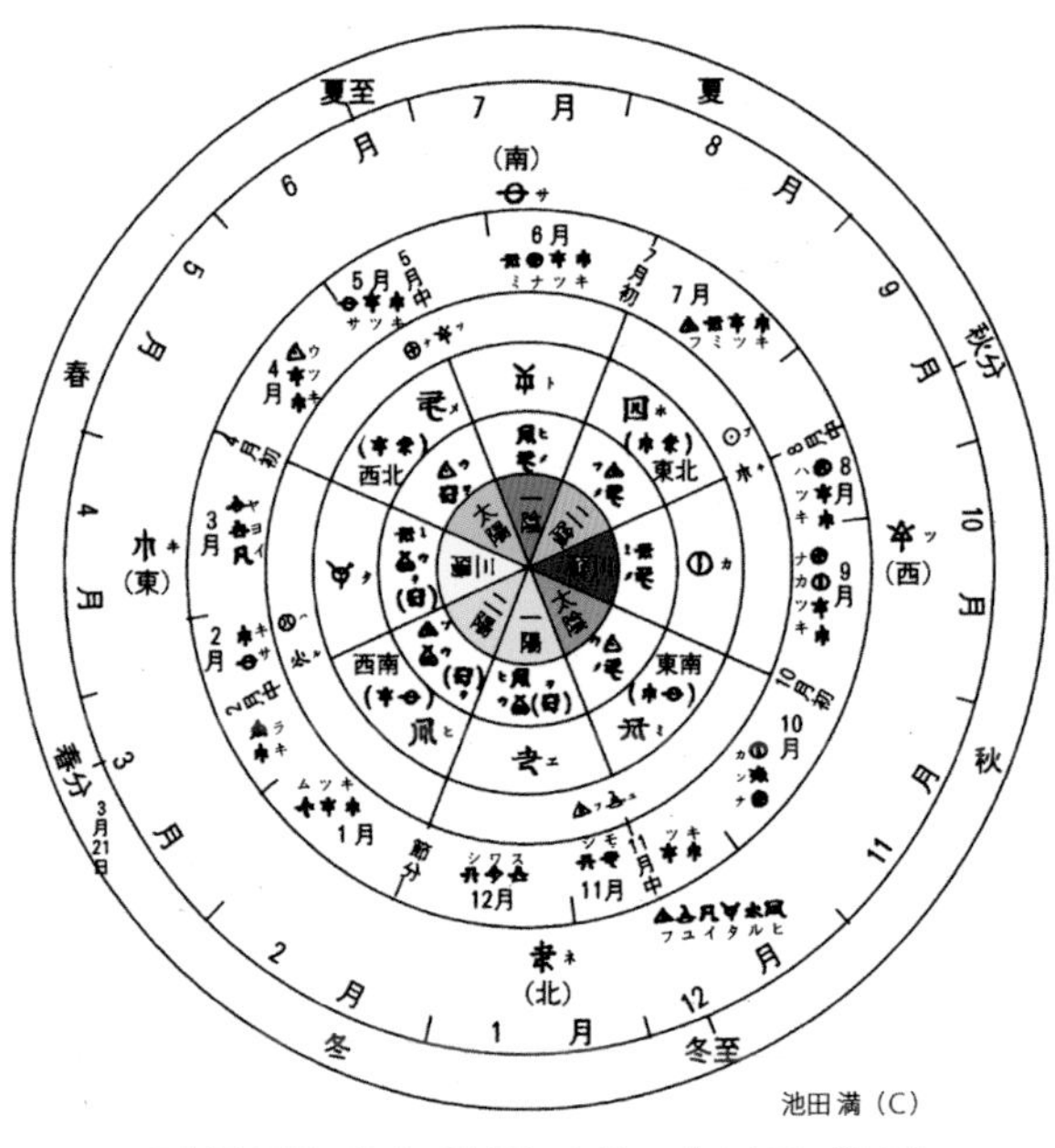

池田満（C）

日本固有暦の基本（内円）とグレゴリオ暦（外円）

の清らかさは、冷たさの棒の3本に研ぎ澄まされた輝きです。

「ミ」、フユ（冬）の季節（前半）

「ミ」の季節は、フユ（冬）の前半です。旧暦の10月の初めに始まり、フユイタルヒ（冬至）までの、ひと月半が「ミ」の季節です。現行暦での11月初旬から始まります。温かさの棒は0本となります。冷たさの棒が

4本すべて立ちます。温かさの棒は最後の残りの1本までもが地面の下に潜（もぐ）ってしまった形状がヲシテの文字形に表されています。温かさの棒のカミ（はたらき）がすべて隠され覆い尽くされるので「カナツキ」また「カンナツキ」と10月の呼び名になりました。（温かさをもたらすはたらきの力が、地表上から無くなった）とする意味がカンナツキです。

「ye」、フユ（冬）の季節（後半）

「ye」の季節は、冬至（ふゆいたるひ）に始まるひと月半です。温かさの棒が1本立ってきます。それで、冷たさの棒が4本から3本に減って来ます。温かさの棒の1本が地面の上にようやく立ってきた、そんな雰囲気を、ヲシテの文字形の子音の「y（音）」が表しています。

「ヒ」、ハル（春）の季節（前半）

「ヒ」の季節は、トシワケ（節分）に始まるひと月半です。旧暦での1月の元旦の頃から、春分に至るまでの季節で、温かさの棒が2本立ちます。冷たさの棒も2本になる季節です。

この2本の形が、ヲシテ文字形の縦の2本に表現されています。

「タ」、ハル（春）の季節（後半）

「タ」の季節は、春分から始まるひと月半の季節です。温かさの棒が3本立ってきますから、冷たさの棒は1本になります。冷たさの棒が1本だけで、温かさの棒が3本となり温かさの方が優勢になります。そうしましたら、サクラ（桜）やモモ（桃）の花が咲くことになります。温かさが樹木の中にまで届く季節です。のどやかなこの季節の形の、温かさの棒の3本が「タ」のヲシテの文字形に表されています。

「メ」、ナツ（夏）の季節（前半）

「メ」の季節は、旧暦の4月の初め頃からのひと月半の季節です。温かさの棒が4本立ちます。冷たさの棒は0本になります。地上には温かさの棒が4本すべて立ちますので、冷たさの棒の残りの1本が地面を意味する「s音」の下にもぐった形が、「メ」のヲシテの文字形状に表されています。

わが国は自然の恵みに満たされています。時としては、台風などの荒々しい災禍もやって来ますが、それらをさえ凌(しの)げれば豊かな気候風土です。季節の天然自然の巡りの恵みを享受するため、これを東西南北など各方角にリンクします。これが、トホカミヱヒタメの8方向で8の季節区分の祭りに託されたのです。自然の恵みをあまねく障害なしに受け取りたいと、この願いなのです。災害は出来れば忌避してです。常に賷(もたら)され来るこの恵みについて享受をしている事を、実感して感謝する意味です。

天然自然の営みのその大元は、アメミヲヤ(創造祖(ヲヤ))のチカラ(エネルギー)をすべて受けての事ごとです。それが、ナカのクタ(天の川)(銀河・ミルキーウェイ)によって、我々の住むクニタマ(地球)に賷されます。今現在に至るまで、すべての事ごとです。そして、温めるヒ(太陽)のエネルギーや、冷やし固めるツキ(月・放射冷却のシンボル)

ミ6-11

トノミコト　ヱニウケヲサム

ソレヨリゾ　カワルカワリニ

ヨオツギテ　アメニカエレハ

→『記紀原書ヲシテ増補版』下巻41039~41041

のチカラも巡る季節の恵みであると感謝して享受しているのです。

クニサッチの時代も、多くの世代が代替わりしつつ重層してクニサッチを名乗っています。さらに、クニサッチはふたつの家が交代交代に世を継いでゆきます。クニトコタチの宗主家の琵琶湖湖岸地方のクニを継いだ「ヱのミコト」と、富士山の南麓にミヤ（居）を構えた「トのミコト」の家とで、かわるがわるに国家全体のリーダーの地位の継承がおこなわれます。

3代目トヨクンヌシの時代

3代目のアマカミの時代になると、社会が厚みを帯びて来ます。それは、人々の生活に豊かさが増してきたことに依るのです。この時代のアマカミ（古代の天皇陛下）をトヨクンヌシ（トヨクンヌ）と呼びます。トヨクンヌシの時代には、中間指導者の「トミ」（オミともいう）が設けられます。この時代に、稲作の方法がウケモチ（伏見稲荷神社のご祖先のカタのカミ。さらに昔の祖先）によって確立され、広まってゆきます。豊かになればこそ、人々は幸福を実感出来ます。「キミ」と「トミ」と一般国民の「タミ」の

3階層に細分化されます。考古学の時代区分では、縄文時代の中期の後葉に相当します。高床式の大型建造物が建築され始める時代です。アマカミ（古代の天皇陛下）に対する、一般国民の信頼感は極めて濃厚ですが、「トミ（臣）」へのそれには、多少劣る場合もあります。ここを、補う必要もあったのでしょう。「おこそかに　かさるこころ（厳かに飾るこころ）」（『ホツマツタヱ』23アヤ4ページ）に傾向が向かってゆきます。見た目の立派さで威厳を補う方法です。

初代アマカミのクニトコタチ、2代アマカミのクニサツチ、3代アマカミのトヨクンヌシまでの、長い長い時代の3代の間は、多世代一時代の呼び方です。例えていいますと、何代にもわたってクニトコタチが襲名されて代が継がれてゆくわけです。

結婚のノリ（法）の時代、4代目ウヒチニ・スヒチニ

3月3日のヒナ・マツリ（雛祭り）が整うのは、4代目のアマカミ（古代の天皇陛下）の時代です。稲作の栽培が主要な主食の作物として全国普及し始めると、人々の生活スタイルに根柢からの見直しが必要になって来ます。精緻な管理作業をこなしてゆくためには、男女

←日本固有種、鞍居桃（くらいもも）の実

のカップルの固定化が求められてくるのでした。4代目のアマカミに即位したウヒチニは、スヒチニを夫婦としてのツマに迎える事にしました。大きな、社会変革です。モモ（桃）の花の咲いた旧暦の3月3日に、婚姻の儀式をおこないました。現代の暦では4月の中旬頃に相当します。今の越前の日野神社（福井県越前市）の地でして、3年前に植えたモモ（桃）が咲きました。モモの花の下（もと）にて婚姻の儀式がおこなわれます。三日月の細い月の現れて、すぐに山影に沈まんとする時に、白い醸し酒を器に注（つ）ぎますと、三日月が白いお酒の液面に映ります。モモ（桃）の花のピンク色が白い醸し酒を淡く色添えをしていました。4代アマカミのウヒチニ・スヒチニさんの婚礼の儀式は、トミ（臣）たちにも広がり、やがて一般国民の間にも普及してゆきます。

モモは古墳時代にも、さらに古く縄文時代の遺跡からも実

（核種）の出土があります。桜井市の纏向（まきむく）遺跡からの2000粒以上もの出土は、日本固有種の実在を証明するものです。細かな毛の生えた品種の日本固有種は、今現実にも兵庫県赤穂郡上郡町に鞍居桃（くらいもも）として自生して現存しています。渡来種だとされてきた植物学の説は謬説であったことが明らかになりました。わが国の固有種のモモの見学は素晴らしいです。赤穂城の見学とセットで鞍居桃の里を尋ねるのも良いコースです。赤穂城から、鞍居の里の野桑（のぐわ）公民館まで車で35分です。上郡町（かみごおりちょう）の野桑公民館を訪ねてください。詳しいことが判ります。

　つまり総合的にこの関連の事項を理解しますと、日本固有種のモモの子孫が、中国に伝わって「神仙思想」の長寿の妙薬としての蟠桃（ばんとう）になっていったと推定されます。本家の本元だった日本固有種の鞍居桃は、やっと現

→長寿の妙薬と伝えられた、わが国固有種のモモ

代に保存活動が盛んになりつつあります。今も、鞍居桃は自生していて、毎年、春になると花を咲かせて、秋には美味しい実を結実させています。鞍居桃のシロップ煮のコンポートもワイン風味で美味しいですし、ジャムやコンフィチュールも作られています。それぞれ、とても美味です。

何と言いましても、神仙思想の元になった長寿の桃です。大陸で西王母と呼ばれたニシノハハカミも、珍重したミチミのモモです。ニシノハハカミの長寿は、クライモモのおかげだったのかも知れません。富岡鉄斎が描いた西王母と桃の絵は有名です。真実のところが、トヨケカミから頂いた長寿の妙薬がミチミノモモだったのでした。わが国の自生種のモモですね。こんな大切なことが、まだ、世には知られていないので、特別のプレミアムの付く前の安価で購入できます。鞍居の里をお尋ねください。今はまだ数百円の単位です。世に、物語りが知られて来れば、１０倍のプレミアが付いてくるとわたくしは想像しています。神仙思想の元になった長寿の桃です。

稲作の普及、５代目オオトノチ・オオトマエ

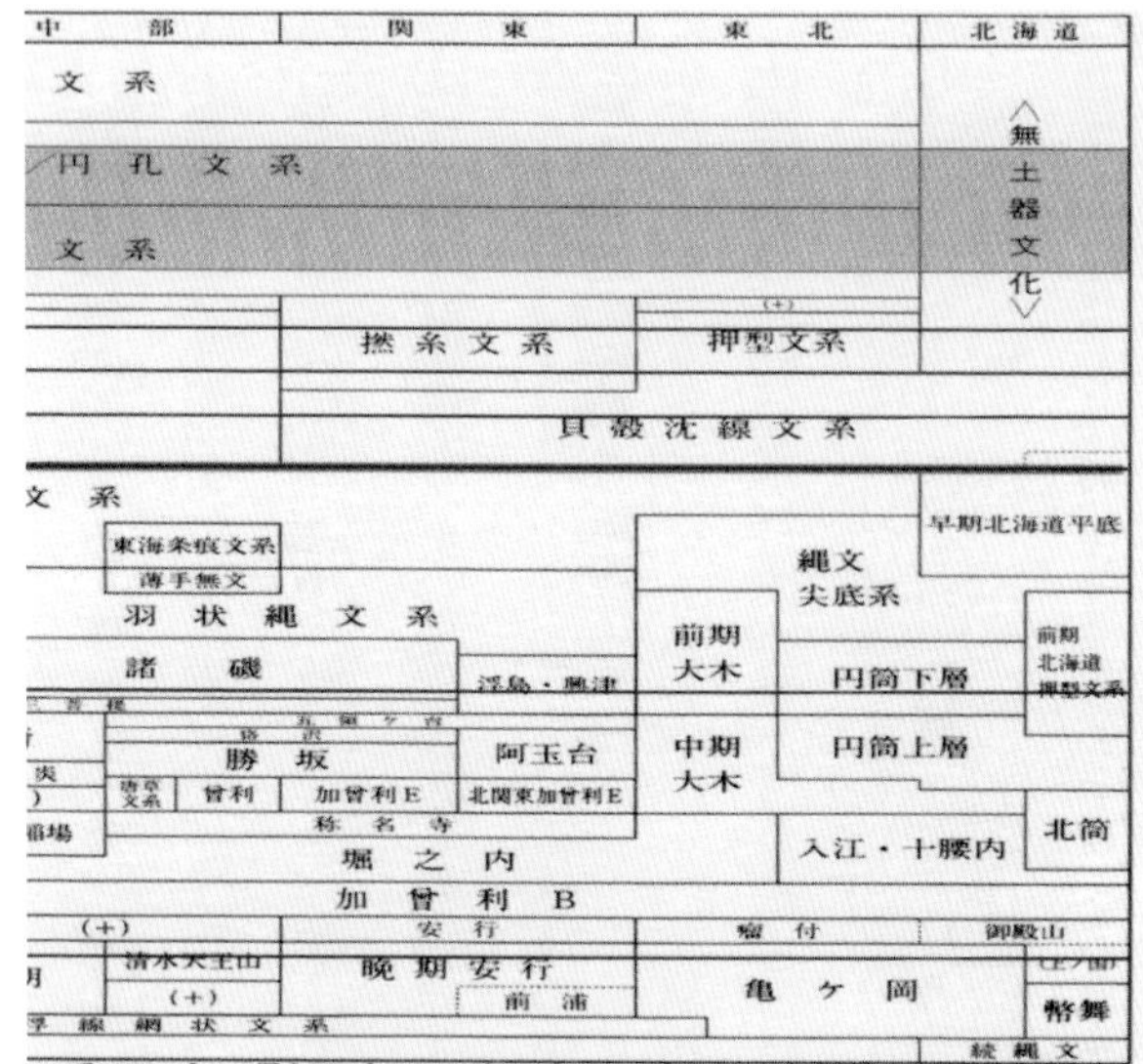

育委員会『縄文の奇跡！東名遺跡』（２１０ｐ）

5代目のアマカミ（古代の天皇陛下）は、大きな宮殿をしつらえます。米が主食としての位置づけられ稲作（陸稲(おかぼ)）の全国波及が及んで行った時代、さらに、国中が豊かになった事からの進展です。この時の稲作は陸稲が主流であると想像されます。稲作による多収量で安定的な経済基盤の確立が出来たことで、ひとつの、安定期を迎えたのでした。

5代目のアマカミのオオトノチは、オオトノ（大きな宮殿）にいてツマ（おキサキ）を迎え

縄文土器の編年と寒冷期

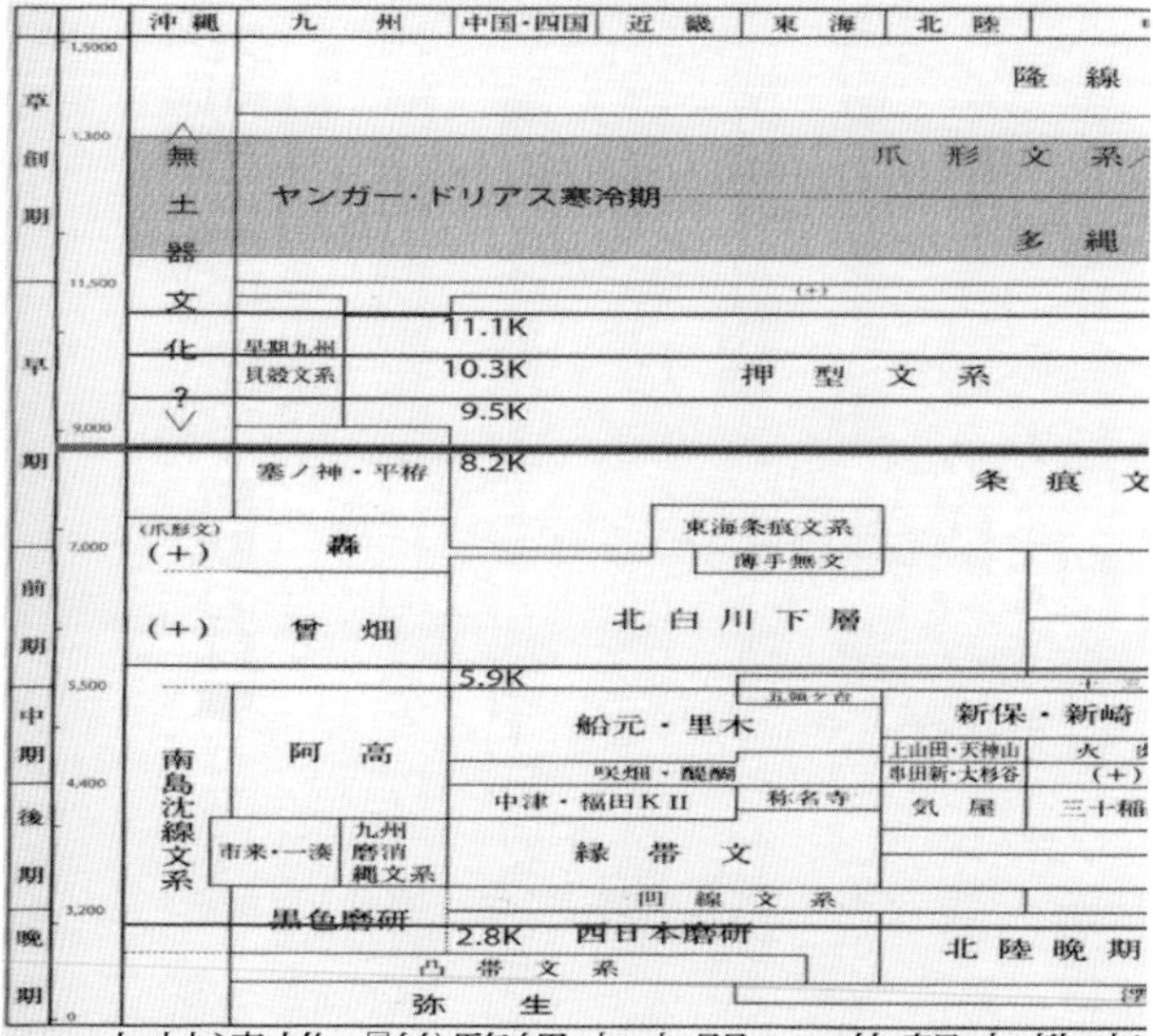

沖縄 九州 中国・四国 近畿 東海 北陸
草創期 早期 前期 中期 後期 晩期
15,000 13,300 11,500 9,000 7,000 5,500 4,400 3,200 0
無土器文化？
隆線
爪形文系
ヤンガー・ドリアス寒冷期
多縄
11.1K
早期九州貝殻文系
10.3K
押型文系
9.5K
塞ノ神・平栫
8.2K
条痕文
東海条痕文系
薄手無文
（爪形文）（＋）
轟
（＋）
曽畑
北白川下層
5.9K
五領ヶ台
新保・新崎
南島沈線文系
阿高
船元・里木
上山田・天神山
串田新・大杉谷
（＋）
咲畑・醍醐
中津・福田KII
称名寺
気屋
三十稲
市来・一湊
九州磨消縄文系
縁帯文
凹線文系
黒色磨研
2.8K
西日本磨研
北陸晩期
凸帯文系
弥生

小林達雄『総覧縄文土器』、佐賀市教育

るのでした。それは、「トのヲシテ」を染め上げたミハタ（御旗）を掲げたその目前でしょう。おキサキ（正皇后）となられますオオトマエさんを迎えます。夫を「トノ」と言い、妻を「マエ」と呼ぶのはこの謂（いわ）れからでした。

作物の収量の低下、6代目オモタル・カシコネ

気候の変化が起きて来るまでは、6代目アマカミのオモタル・カシコネの時代は豊かでした。

考古学の研究から、今から、

2．8kつまり、2800年前ころの事ではあるまいかと、言われてきています。小林達雄さん『総覧縄文土器』と佐賀市の東名（ひがしみょう）遺跡の発掘調査の報告書の『縄文の奇跡！東名遺跡』（雄山閣）から、引用させてもらいました。寒冷化は2800年前と5500年前と、8200年前と、9500年前、10300年前、11100年前に訪れているとのことです。初代クニトコタチの建国は縄文時代の前期の頃と考えられますので、縄文時代晩期の2800年前ころの寒冷期が、6代アマカミのオモタルさんの時代に遭遇したと判断できます。つまり、6代アマカミの末期が、今から2800年前ぐらいと言う目星で良いようです。

6代目アマカミのオモタル・カシコネの時代は、寒冷化が来るまでは、豊かでした。琵琶湖の湖岸地方とくに安曇川平野を中心に、全国各地へ農業指導に赴いて国民の生活向上に努めたのでした。オモタル・カシコネの晩期に至って来ますと、「ほほそ（収穫の減少）」（『ホツマツタヱ』15アヤ24ページ）が起きます。

ホ15-25

オモタルノ　スヱニホボソト

ナルユエニ　ツキヨミヤリテ

→『記紀原書ヲシテ増補版』上巻22642～22643

←『記紀原書ヲシテ増補版』上巻24391~24401

オソル↘ハ　ナツミドキレハ
コダネタツ　ゲニツ↘シメヨ
アメノカミ　ツキナクマツリ
ツキントス　カレイザナギニ
ホ23-8
ノタマフハ　トヨアシハラノ
チヰモアキ　ミヅホノタアリ
ナンチユキ　シラスヘシトテ
ト↘ホコト　サヅケタマワル
ホ23-9
トハヲシテ　ホコハサカホコ
フタカミハ　コレオモチヒテ
アシハラニ　オノコロオヱテ

さらに、混迷の度合いを増したのは、オモタル・カシコネに世継ぎ子が出来なかったことでした。

世の中が乱れて悪党や盗賊がはびこります。そこで、オモタルさんは、罪人を斬って取り締まることになさいました。さてそうなりますと、オモタル・カシコネさんにお世継ぎ子が出来なかったのでした。『ホツマツタヱ』の23アヤに出典しています。

「ナツミト」は7人の罪人であるのか？　罪なき人を誤っての意味か解釈は分かれるところです。いずれにしても、お世継ぎ子に恵まれなかったのでした。そこで、皇位の継承を直系ではなくて、他の系統に求めることにな

『ホツマ辞典 改訂版』

池田 満、展望社

付録の系図（略系図より）

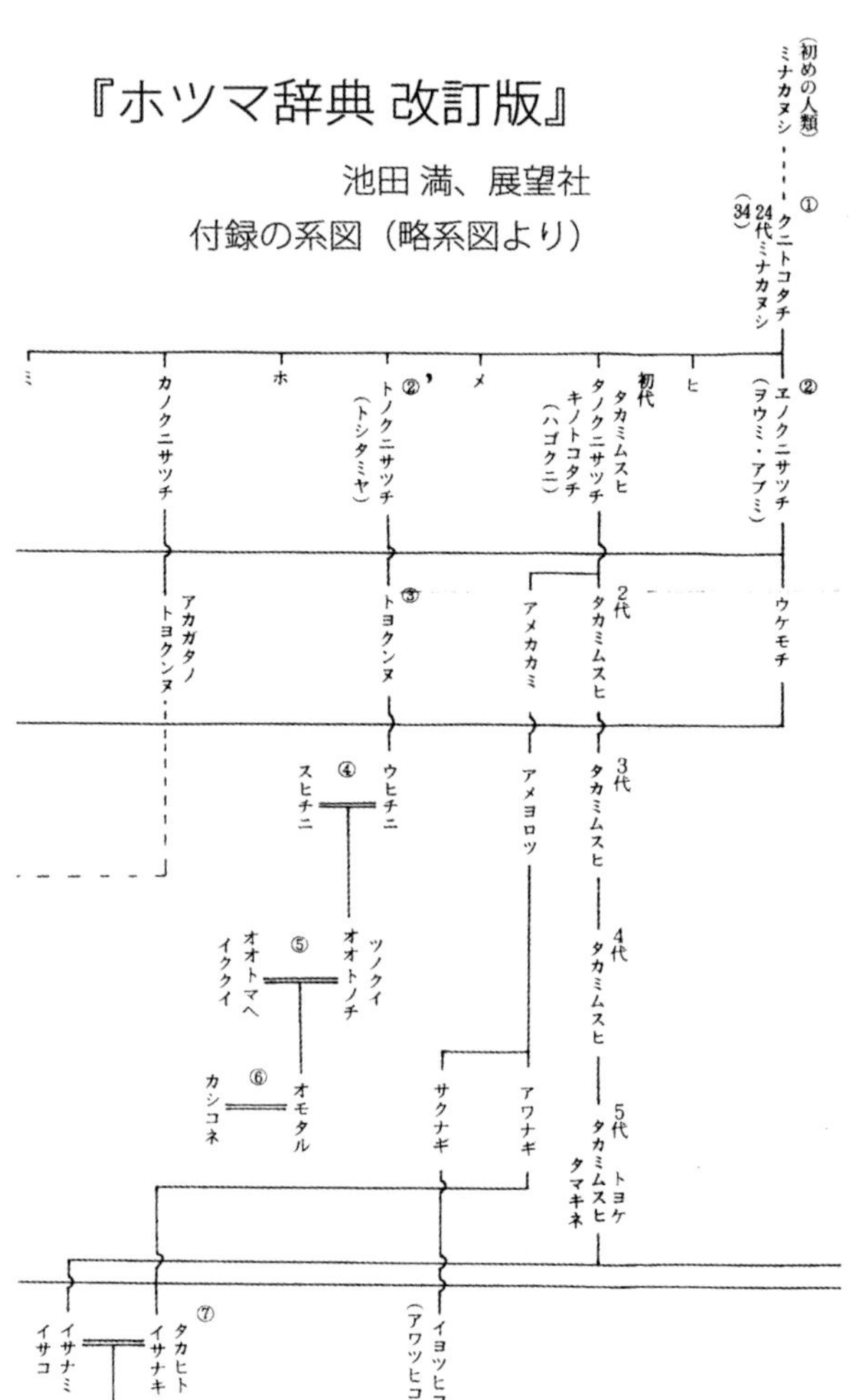

ります。
北陸にて善政の誉れの高いアワナギさんのお世継ぎのタカヒトさんが素晴らしいお方であると評判でした。また、東北のヒタカミでまた善政の評判のトヨケカミ（タマキネ）の娘さんのイサコヒメも良いお方であると言われていました。

そこで、タカヒトさんと、イサコヒメに7代目のアマカミに即位をして国民を指導してもらう機運になりました。

つまり、4代遡った系譜から7代目の皇位を引き継いでもらうことになります。後世の26代の継体天皇をお迎えするときのような雰囲気です。皇統の存続や維持がむつかしくなったら、何代か遡って的確な人物にご即位をお願いするのが伝統的な対処の方法です。継体天皇も、5代遡って応神天皇にゆきつくのでした。現代にも議論がされますが、皇位のお世継ぎに不安になれば、何代か遡ってしかるべきお方様にお願いすると良いわけです。宮家を多く用意するばかりが良い方策ではありません。良からぬことを余計に招くのが多くの宮家の存立でしょう。天皇陛下アマカミの他は、出来るだけフラットにするのがクニトコタチさんの意図であると、わたくしは考えます。国家の成り立ちやありようについての、クニトコタチさんの国家樹立に基づく国学精神の再興こそが現代に望まれるところです。

6 縄文から弥生へ

「国生み」の真相

さて、イサナギさんとイサナミさんが皇位を受け継ぐことになりました。気候の寒冷化が訪れて、作物が不作になり人々が疲弊して国家が危うくなってきた時の立て直しの仕事がイサナギさんとイサナミさんに課せられた仕事でした。ひとくちに表現しますと、これが「国生み」と言われました事柄です。

現代的に表現すると、縄文時代から弥生時代へに向けての国家再建の動き始めです。温暖な時代が終焉を迎えて、寒冷期に入るとき、国家の立て直しが必要になりました。『古事記』や『日本書紀』の「神話」を鵜呑みにしていたら、わが国の本当の麗しい姿が見えなくなります。

120ページ・121ページで縄文土器の編年と、寒冷化の図を見て頂きました。考古学の進歩は素晴らしいものです。土中からの発掘物から、気候変動の歴史までが判るようになってまいりました。6代目アマカミの末期に訪れた寒冷化は、激甚の衝撃を私

『定本ホツマツタヱ』（池田満、展望社）

安、弘武内
安武内、弘
安、弘、武内
安弘、武内

安弘内、武
安武内、弘
安、弘武内
安弘、武内
安武内、弘
安弘、武内

オソル、ハ　ナツミドキレハ
コダネタツ　ゲニツ、シメヨ
アメノカミ　ツキナクマツリ
23-8
ツキントス　カレイザナギニ
ノタマフハ　トヨアシハラノ
チキモアキ　ミヅホノタアリ
ナンチユキ　シラスヘシトテ
23-9
ト、ホコト　サヅケタマワル
トハヲシテ　ホコハサカホコ

〔日本書紀〕

——〈第九段　天孫降臨章・第一ノ一書g〉——

147 因勅皇孫曰、葦原千五百秋之瑞穗國、是吾子孫可王之地也。宜爾皇孫、就而治焉。

— 296 —

↗ 天照大神からの統治委任の大切な個所の文章。『日本書紀』は漢字訳での誤訳をしていました。（１３１ページをご参照願います）『古事記』はスルーして無視していました。

フタカミハ　コレオモチヒテ
アシハラニ　オノコロオエテ
23-10
コヽニオリ　ヤヒロノトノト
ナカハシラ　タテヽメクレハ
オヽヤシマ　トフルマコトノ
トノヲシエ　チキモノアシモ
ミナヌキテ　タトナシタミモ
23-11
ニギハエバ　キヤマトヽフル
ヤマトクニ　マトノヲシエハ
ノホルヒノ　モトナルユエニ
23-12
ヒノモトヤ　シカレドヤマト
ナステソヨ　ワレハトノチニ
ヲサムユエ　オミモトミナリ

たちの祖先の人々に与えました。世の乱れから、悪事に走る人が出てきます。時のアマカミは、はじめて罪人を斬ることにしました。それで、6代アマカミのオモタルさんにはお世継ぎ子が無かったのでした。

世の中が真っ暗になった時代です。『古事記』『日本書紀』との対比比較の『定本ホツマツタヱ　―『古事記』『日本書紀』との対比―』（池田満、展望社）を見てみましょう。（右ページ）

そんな時代にも、北陸のアワナギさんは善政を保っておられました。

東北と関東をみておられたトヨケカミも善政の評判です。それで、アワナギさんのご子息のタカヒトさんと、トヨケカミの娘さんのイサコヒメと、おふたりで皇位を御継ぎ頂こうということになりました。

イサナギ・イサナミと名乗ることになったタカヒトさんとイサコヒメは、「トのヲシテ」と「サカホコ」の二種の神器をオモタルさんから授与されました。そして直轄の湖国の1500の村落を授かります。湖国（ヲウミ）の1500の村落の立て直しが、イサナギ・イサナミさんたちの初めての大きな仕事でした。「アワウタ」を教えて、国語を直しながら農業指導をするおふたりです。いつしか「フタカミ」と呼ばれるようになります。水辺のアシ（葦）を抜いて稲を植えることが国家再建の実務でした。低湿地での水田稲作を国家再建の動力になさったのでした。人々の生活が安定してそれぞれがたつき（生計）を得る、それが「オノコロ」の本当の意味合いです。おのずからの生活安定を意味します。これが「オノコロ」の言葉の本当の意味です。

「トのヲシエ」が有効に作用している時代です。生活面の安定がえらられれば、世の中は平穏に収まってきます。

128ページに掲げました『ホツマツタヱ』23アヤの「ミツホのタあり　なんじゆきしらすべし」が、直訳されて『日本書紀』の「瑞穂の国は　是吾が子孫の王たるべし地なり　爾（いまし、あなた）皇孫　いでまして統治らせ」の文章になっていました。ところが直訳誤訳でいくつもの間違いを突き込めていました。

1500の村落は寒冷化で疲弊していたことが記述抜けしています。イサナギさんとイサナミさんは、水田稲作の普及を始めたのでした。この記述も抜かしています。また、トとホコを授与されたのはイサナギさんとイサナミさんだったのに、漢字直訳では「皇孫（ニニギネさん）」とする取り違いを犯してしまっていました。「トのヲシヱ」と「サカホコ」の二種の神器だったのを、「瓊矛」のひとつに誤訳していました。『古事記』に至っては伝来時代になってから「沼矛」と読まれてしまっているほどの誤解が起きています。大間違いの漢字直訳の誤訳の『日本書紀』や『古事記』に惑わされた1300年間でした。わが国の文明をおとしめる『古事記』『日本書紀』の漢字直訳文は見直しが必要です。

イサナギさんとイサナミさんの国家再建の仕事は、「1500の村落のアシを抜いて水田に作り変えること」と、「罪人を罰して秩序を維持すること」がハード面での二本柱で

した。この国家再建の事業を端的に表現した文章が、『ホツマツタヱ』２アヤと18アヤに

ホ18-3
ユエオコフ　キミノヲシヱハ
フタカミノ　ウキハシニタチ
コノシタニ　クニナカラント
トホコモテ　サクルミホコノ
シタゝリガ　コリナルシマオ
ホ18-4
オノコロト　クタリテトモニ
トツギシテ　ミハシラマワリ
アワウタオ　ヨミテオノコロ
ヨロモノオ　ウミシハムカシ
ホ18-5

ホ2-19
ワイタメナ　トキニアメヨリ
フタカミニ　ツホハアシハラ
チヰモアキ　イマシモチヒテ
シラセトテ　トトホコタマフ
フタカミハ　ウキハシノヱニ
ホ2-20
サグリウル　ホコノシツクノ
オノコロニ　ミヤトノツクリ
オゝヤマト　ヨロモノウミテ
ヒトクサノ　ミケモコカヒモ
ホ2-21
ミチナシテ　ワイタメサタム
イサオシヤ　アメノカミヨノ

→『記紀原書ヲシテ増補版』上巻235541～235549、203013～203023

18アヤの3ページからの大意

「オノコロ」の意味を聞かれたアマテルカミはお答えになられました。

それは昔の事でした。

フタカミ（イサナギさんとイサナミさん）がウキハシ（皇位の継承の仲人）に応じられました。国家崩壊の憂き目にあって、再建を果たすべく「トのヲシテ」とサカホコを得られました。サカホコ（ミホコ）の武威の威力のしたたりによって、人心は収まってゆきました。あれほど乱れていた風紀も治りましたのも、サカホコのおかげです。

落ち着いてきた世の中に、フタカミは指導力を発揮なさいました。トツギ（婚姻の式）を挙げられて、国家の中心のミハシラを定めて廻られます。「アワウタ」を教えてゆかれることが、「オノコロ」のクニ定めとなるのでした。

2アヤの19ページからの大意

国家崩壊の憂き目の「ワイタメ」が起きたのでした。時に、フタカミ（イサナギさんとイサナミさん）に7代アマカミに即位をするようにと要請がもたらされました。国家安定の要諦はアシハラの1500の村落にある。と「トのヲシテ」とサカホコを授かったのでした。フタカミはウキハシ（皇位の継承の仲人）に立たれて、サカヒコの武威の威力のしたたりによって、シマ（締りのこと）を得て「オノコロ」を構築してゆかれました。ミヤトノ（政庁）を建てられて国家を安定させてゆかれます。「オノコロ」は、人々のたつき（生計）をシッカリとさせておのずからに社会が安定してくる意味でした。ミケ（食糧）もコカイ（養蚕）もミチを定めて人々の生活が良くなるのでした。この「オノコロ」がイサオシ（功績）です。

出典しています。上の段に引用しました18アヤの方が簡略に記した文章になっています。
ヲシテ時代の中期の文章は、現代語に直訳するとおかしくなります。それは、現代でも機械翻訳がどうにもおかしいことと同じです。今では、機械翻訳の精度もずいぶんとレベルが上がってきました。けれども１３００年前の時代の漢字文への直訳はひどいものでした。

要諦や要（かなめ）の意味の「シマ」は、アイランドの「島」に誤訳されました。

皇位を受け継ぐ橋渡しの大いなる（うき）仲人（なこうど）の意味の「ウキハシ」は、空中に浮かぶまぼろしの「浮橋」に大誤訳されました。

「トのヲシテ」を指し示す、大事な「ト」は、赤い玉の「瓊（ケイ）」に誤訳されました。

直訳は、そんなものです。直訳で簡易に意味が取れると思ったら、大間違いです。

今現代でも同様です。「クレージー・ラブ、crazy love」の言葉も直訳したら「狂った愛」になります。恋人から「crazy love」と告白されて直訳して「狂った愛」と思って理解したらバカみたいです。本当の真意は「くびったけ」とか「死んでもいい」というほどの意味である場合が大半です。間違っちゃバカみたいです。恋人はどこかへ行っちゃいます。

ところが、１３００年間というもの、ヲシテ文献が見つかっていなかったので、誤訳の漢字文を真に受けて、ひどいことになってしまっていたのです。これが現状です。さあ、みなさま、わが国の美しさを取り戻しましょう！「クレージー・ラブ」「crazy love」は「狂った愛」ではないのです。

みなさま、今こそわが国の固有の文字で書かれたヲシテ文献の文章を声に出して読んでみてください。『古事記』や『日本書紀』とはずいぶんと雰囲気が違うことに驚かれることでしょう。そして、縄文時代の日本語が、今なおいきいきと私達のこころに響き伝わってくることにさらに驚かれることでしょう。

7 「アワウタ」から「ツツウタ」まで

国語の整備 「アワウタ」

7代アマカミにご即位なさいましたフタカミのイサナギさんとイサナミさんは、国語を直してゆくことを国家再建のソフト面での柱となさいました。48音図表を基にした、5・7調4行の（5＋7＝12、12×4＝48）「アワウタ」です。

アカハナマ　イキヒニミウク
フヌムエケ　ヘネメオコホノ
モトロソヨ　ヲテレセyeツル
スユンチリ　シyiタラサヤワ

カタカナで書くと、並び順が判りにくいです。
ヲシテ文字表記にするとスッキリします。

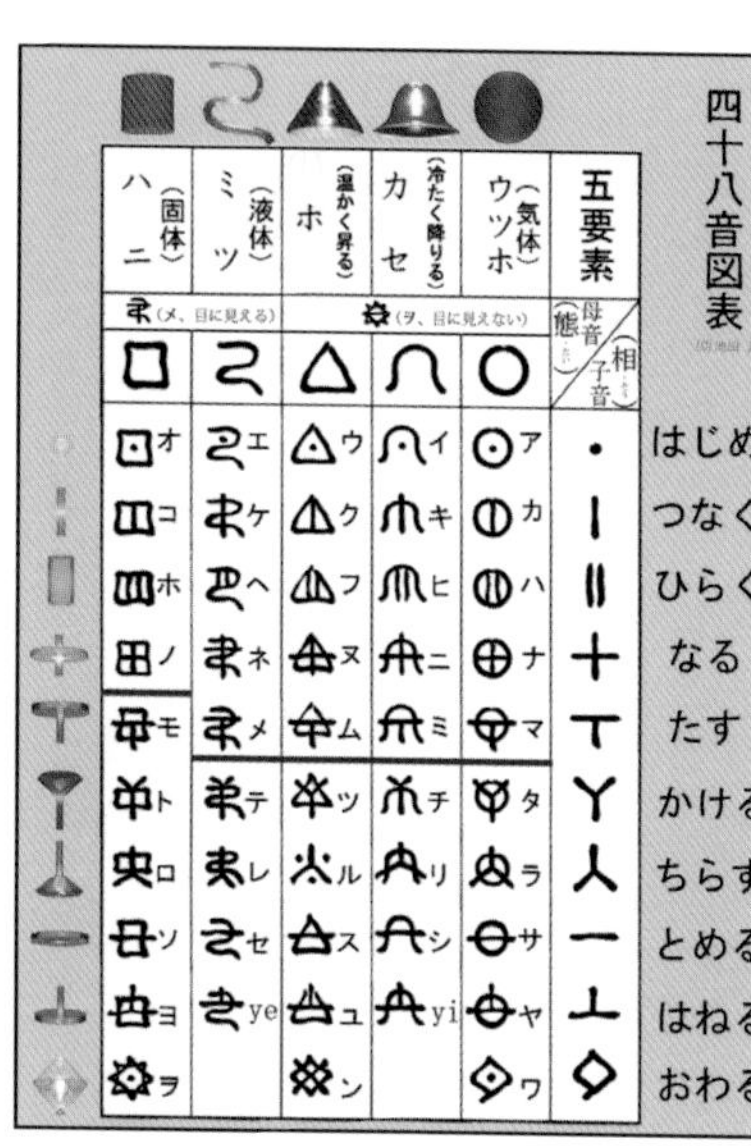

ヲシテ文字で書くと不思議、48音図表を順に並べたのが「アワウタ」であることがすぐわかります。

「アワウタ」を詠んだのは、イサナギさまか、お父上のアワナギさんでありましょうか。あるいは、イサナミさんのお父上のトヨケカミであるかどちらかであるようです。

「アワウタ」の詳しいことは1巻目

の、『ホツマ歴史物語1 アワウタの秘密』（池田満、展望社）をご覧ください。

ウタの発展

現代では短歌とも和歌ともいわれる31音のウタは、イサナギさんとイサナミさんの時代に完成を見ました。

『ホツマツタヱ』などヲシテ文献にウタともワカウタとも呼ばれる31音のウタは、イサナギさんのおウタが最も早い作です。

左のように、イサナギさんは、水田稲作の開拓に貴族のトミも、一般国民のタミも立場を入れ替えての殖産振興にお力を入れられました。

ホ17−94

ツチカフハ　ミノアシハラモ
ミツホナル　タミトナセトミ
トミトナレタミ

→『記紀原書ヲシテ増補版』上巻23506〜23508

国家の再建にかける熱意がおウタに込められています。

それで人々に強い指導力を発揮なさいました。イサナギさんのおウタには、強い意志が現れています。

ウタとは、そもそも何の意味があるのか？　もう一度、ウタを詠む原点に立ち戻って考えてみましょう。

『古今和歌集』（古今集と略して言うのが一般的です）の仮名序に紀貫之が概論を記していました。何回読んでも感動を覚えます。じつに名文です。

「やまと歌は、人の心を種として、よろづの言の葉とぞなれりける。世の中にある人、事業、繁きものなれば、心に思ふことを、見るもの聞くものにつけて、言ひ出せるなり。

花に鳴く鶯、水にすむ蛙の声を聞けば、生きとし生けるもの、いづれか歌を詠まざりける。

力をも入れずして天地を動かし、目に見えぬ鬼神をもあはれと思はせ、男女の仲をも和らげ、猛き武士の心をも慰むるは、歌なり。

この歌、天地(あめつち)の開け始まりける時より出で来にけり。

しかあれども、世に伝はることは、ひさかたの天(あめ)にしては下照姫に始まり、あらかねの地(つち)にしては素盞嗚尊(すさのおのみこと)よりぞ起こりける。

ちはやぶる神世には、歌の文字も定まらず、素直にして、事の心分きがたかりけらし。

人の世となりて、素盞嗚尊よりぞ、三十文字あまり一文字は詠みける。

かくてぞ花をめで、鳥をうらやみ、霞をあはれび、露を悲しぶ心・言葉多く、さまざまになりにける。

遠き所も、出で立つ足下より始まりて年月を渡り、高き山も、麓の塵泥(ちりどろ)よりなりて天雲棚引(あまくもたなび)くまで生ひ上れるごとくに、この歌もかくのごとくなるべし」

紀貫之は、こうして『古今和歌集』に名文を残してくれていました。名文とはいえ、問題点が無いわけでもないのです。下照姫か素盞鳴尊から31音のウタが詠まれたとしているのは、紀貫之（きのつらゆき）にしてさえ残念なことでした。真実には、もっともっと早くにイサナギさんが31音のウタをお詠みになられたのです。（139ページ参照）

『古事記』『日本書紀』が『ホツマツタヱ』などヲシテ文献を恣意的に、また意図的に翻訳誤訳をしてしまったので、紀貫之の時代には正しいウタの歴史も伝わらなかったのでした。

南北朝時代の和歌の達人の藤原良基（よしもと）（二条良基、1320～1388）は連歌の解説書を記しています。『筑波問答（つくばもんどう）』（『群書類従』第17輯に所収）では連歌の始まりを、イサナギさんとイサナミさんの「あなうれし」のウタとして正しい把握をしていました。藤原良基は『筑波問答』のなかで次のように言っています。

「先お神（男）の発句に。

あなうれしゑやうましをとめにあひぬ

とあるに。女神のつけてのたまはく。

あなうれしゑやうましおとこにあひぬ

と付給也（つけたまふなり）。歌を二人していふを連歌とは申なり。二はしらの神の発句。脇句にあらずや。この句。三十一字にもあらず。みじかく侍（はべ）るは。うたがひなき連歌と翁心えて侍るなり」

阿那邇榮夜運磨志於杜俗通
安以奴爾時陰神詠對之歌曰
倭奈你耶志宇磨志鳴杜孤你
阿飛岐。而遂和合以生淡洲兮

→和仁估安聡写本、宇和島本。ホ3アヤ12ページ

藤原良基は、連歌の始まりの歴史はこのおウタであると正しく解っていましたが、引用する「あなうれし」のウタは、残念にも誤伝が入っていました。さすがの藤原良基もテキストは誤訳モノを使っていたのでした。残念です。

現代に至って、わたくしたちは、ヲシテ文献の

発見と現代研究のおかげで本当のわが国の大文明を知り得るのです。

イサナギさんとイサナミさんのおウタは、「あいぬ」と「あひき」の掛け合いが肝心要の要所でした。

前ページに引用しました、江戸時代の中頃の写本をご覧ください。和仁估安聡(わにこやすとし)筆の写本です。令和3年7月に発見しました。漢訳は直訳のレベルですから無視するのが順当です。

そんな直訳の漢訳でも、二行目の初めの3文字の「〔ア〕〔イ〕〔ヌ〕」をちゃんと「安以奴(あいぬ)」に振っています。四行目の「〔ア〕〔ヒ〕〔キ〕」に、漢字振りは正しく「阿飛岐(あひき)」と漢字に変換していました。「安以奴(あいぬ)」に当てた「〔ア〕〔イ〕〔ヌ〕」の『ホツマツタヱ』などヲシテ文献から判る意味は、「〔ア〕（ア・アメ・宇宙の源）」からの「〔イ〕（イ・こころ）」を「〔ヌ〕(ヌ)（成りつつある）」の意味です。深い哲学的な意味合いが込められています。「阿飛岐(あひき)」に当てた「〔ア〕〔ヒ〕〔キ〕」の本当の意味は、「〔ア〕（ア・アメ・宇宙の源）」からの「〔ヒ〕（ヒ・開く・展開・物質化）」を「〔キ〕(キ)（きたらしむる）」の意味です。「イ」と「ヒ」の区別を残している意味では漢訳は貴重です。

生殖において、男性は、精子ですから、物質よりもこころの方に近いです。女性は、卵子ですから物質化を担います。「（イ・こころ）」を受けること、「（ヒ・開く・展開・物質化）」の関わっての寄り添いが、子を儲け為します。また、クニ（国家）の再建を物質的にも為すのです。女性のはたらきはすばらしいです。

藤原良基の引用文した文章のところを吟味しましょう。『筑波問答（つくばもんどう）』にある文章です。

「　あなうれしゑやうましをとめに**あひぬ**

とあるに。女神のつけてのたまはく。

あなうれしゑやうましおとこに**あひぬ**

と付給也」

「**あひぬ**」と「**あひぬ**」です。これでは、半分にも意味が残っていません。「（アイヌ）」と「（アヒキ）」だから意味が深いのです。漢字訳文の『古事記』『日本書紀』にいったん直訳してしまったから意味の脱落が５０％にも起きていたのでした。

イサナギさんとイサナミさんの15音・15音の合わせて30音のおウタは、さらにもっと深い仕掛けが込められていました。

初めの15音は、月の満ちてくる15日になぞらえられていました。あとの15音は月が細くなってくる15日になぞらえられていました。つまり、合わせて30音は、月の満ち欠けの一巡を意味していたのです。

月と共に、わたくしたちは身も心も準じているところがあります。海の近くに住む人は、潮の満ち引きに心をときめかします。潮の引くときは、潮干狩りに適します。女性の月経も月の満ち欠けの周期に近いです。

イサナギさんとイサナミさんの15音・15音の合わせて30音のおウタは、ツキウタとも呼ばれるのです。

藤原良基が『筑波問答(つくばもんどう)』で次に掲げるのがヤマトタケさんの「にいはりつ」のウタでした。漢字直訳はこんなふうです。

「珥比䃺利　菟玖波塢須擬氏　異玖用伽禰菟流　(にいはり　つくはおすぎて　いくよかね　つる)」

「伽餓奈倍氐　用珥波虘々能用比珥波苔塢伽塢　(かがなへて　よにはここのよ　ひにはとお　かお)」

←『ホツマツタヱ』39アヤ64ページ

ニヰハリツツクバオ
スギテイクヨカネツル
モロナサズ　ヒトボシヨスナ

ホ39-65

キミノウタ　カエシモフサク
カガナエテヨニハコゝ
ノヨヒニハトオカオ

すでに、藤原良基は『古事記』『日本書紀』の誤訳からくる間違いを踏襲していますのでした。ひとつには、漢字直訳で、ヤマトタケさんの大きなおこころは翻訳削除されてしまっていました。『ホツマで読むヤマトタケ物語』（池田満、展望社）で、詳しく述べていますので、興味のあるお方は、そちらをご覧願います。もうひとつの大きな誤りは、イサナギさんとイサナミさんの「あなうれし」と、ヤマトタケさんの「にいはりつ」のウタの間には幾つもの幾つものすぐれたツツキウタ（連歌）が詠まれていました。特に、ユリヒメさんの「あめつつち」のミサホツツウタを忘れて抜くのでは、連歌の問答集として落第です。でも罪は、誤訳を重ねてわが国の貴さをおとしめた『古事記』『日本書紀』にあるのです。藤原良基には罪とてありません。

忘れてならないツツウタの名歌を見てみましょう。ユリヒメさんの「ミサホツツウタ」は19音のウタです。5・7・7の19音ウタです。

アメツツチ　トリマスキミト

ナトサケルドメ

言い寄られた、ミチならぬ恋歌に拒絶をしたのがユリヒメさんの「ミサホツツウタ」でした。「メトル」を逆に「ルトメ」と結んで拒絶の意図を表明しました。名歌です。このウタをお詠みになられたユリヒメさんは、当時19歳でした。（イスキヨリヒメ、サユリヒメともいう）後には、コシのクニの57歳年上のタカクラシタに嫁いで幸せにお暮しになりました。（『ホツマツタヱ』31アヤ11ページ）

ホ31-15

アメツツチトリマス

キミトナドサケルドメ

→『ホツマツタヱ』31アヤ15ページ

19音ウタを、一〇〇首綴るのが連歌の元になります。

この他にも、忘れてはならないウタがあります。アマテルカミの55音の「さすらても」のおウタです。まわりウタの関連のツツウタです。連歌にも関連します。

ハタレ（悪党）たちが、強欲で人々に脅しやたぶらかしでモノを取ったりします。ハタレは、縄文時代の晩期から弥生時代に至って、豊かになった一般の人々をねたむ人たちです。

ハタレ達は、アマテルカミのミヤコ（首都）のイセのイサワにまで、攻め寄せてきたのでした。

アマテルカミは、原理原則からわかり易いように、ちょっとユーモアも込めてウタを詠まれました。

サスラデモ　ハタレモハナゲ
ミツタラズ　カカンナスガモ
テタテツキ　カレノンテンモ
アニキカズ　ヒツキトワレハ
アワモテラスサ

ホ8−61

「ハタレたちは、サスラ（流浪）なす人達ですね。　ハ（土地）を投げてしまっています。ミツ（蜜・宝物）は垂れてしまっています。

（簡易理解（ちょっとみ）には、鼻毛が3本足りない。とも、ユーモアを込めています）

アメに祈り効力を発揮しようとしても、手立てはすでに尽きています。

→『ホツマツタヱ』8アヤ60ページ

このため、呪文の唱え語をして弓矢などを射ても、アメに効かないのです。
そうではなくて、われわれは、ヒとツキとともに、アワ（天地）も照らします」

初めの「さすらても」[章末注1]と最後の5音の「てらすさ」は、逆さま言葉になっています。まわりウタと同じ感覚です。「さすらても」はハタレたちの良くない雰囲気を表します。「てらすさ」はアメの巡りに準じた良いやり方を意味します。ウタミ（ウタ札）に染め記してハタレの人達に投げ入れるとハタレたちが読んで歌ったと言います。それで、ハタレは悪さの術が使えなくなったのでした。ハタレ達はヲシテの文字を読めたのですね。

アマテルカミの「さすらても」のウタは特別にサッサツウタと呼ばれます。初めの5音と、終わりの5音が、逆の綴りの回りウタになっているのです。

注1：「さすらても」も語意には、重罪人が被る流刑や遠島の処罰を意味していました。「サスラ」は刺青（イレズミ）をして追放の刑の処分の事です。この人間は、重罪を犯したモノであるから、注意なされたし。そういう意味の目印が、刺青（イレズミ）です。

8 「縄文建国」からの展望

国語の高度さ

わが国が「縄文建国」を成し遂げるにあたって、国語の精緻さがすでに完成の域に達していたことを、順順に述べてまいりました。

国語48音韻の成立はすでに初代クニトコタチの当時にできていたことがわかります。トホカミヱヒタメのヲシテ文字形が確定していて、はじめて、季節との関係が成り立ちます。つまり、ヲシテ文字の完成は、初代クニトコタチの時代にすでに有ったことになります。

また、国家建国には、その理念に「〓（と）のヲシヱ」・「トのヲシテ」がありました。ひとりひとりでは、大した力がなくても、お互いがちょっと得意の能力を持ち寄ったら、素晴らしくより良く生活出来るようになります。これが「トのヲシヱ」の原理です。さらに、「トのヲシヱ」が現実に成立するためには、「〓（に）のこころ」が必然の前提の条件になります。「〓（に）のこころ」は、ヤマトコトハが出来つつある大昔から、基礎の文法に埋め込まれていたのでした。国文法の基本文型の4型式を読み解いて説明してまいりました。ひとつは「何は、どうだ」の主述文でした。（欧米文法の文型のほとんどがこの形式です）ふたつめが「何に、どうする」の帰着文の文章です。これが、「〓（に）のこころ」そのものの発意の文型です。わが国独自と言ってもよいほどです。もうひとつが、「どうして、どうする」の修飾文です。上詞に動詞を立てます。あともうひとつは、どこの言語にもある独立文の「痛い！」とか「暑い！」とかの感嘆の文章です。

　基本文型のひとつに、わが国語に独自の帰着文の「何に、どうする」の文型が入っていました。ヒトが物事を考える際に、言葉は重要です。文章を紡いで考えるからです。「何に、どうする」の文型は、「〓（に）のこころ」を思考の元にすることになります。英語など欧米語で考えるのと、日本語で考えるのは違うとよく耳にします。日本語で考えると優しくなるのだということです。相手の事を思うのですね。日本語は文法の基礎に「〓（に）のこころ」が備わっている世界にも稀有な言語です。わが国語は、これから未来に向けて、諸外国に良い影響を与え続けてゆくことであると、そのタカラモノとしての国語に自信を持ってください。ヲシテ文字での国文法の再建に向けて、わたくしも粉骨砕身努力をしております。

より良くの発展

わが国の「縄文建国」の建国の原理と過程においてもそうでした、弥生時代の大変革に至る道筋にも、より良くの意図が存分に込められていました。ここでも「なかれき」と「およくき」の、前者の現状認識と、後者の未来への展望のふたつの思考の経路がすべての根本にあります。

「なかれき」は子供さん用には「流れて来る木」の簡易の理解で良いです。高段者のレベルでは「大宇宙の源のナカからのならしめ」つまり一言で言うと「現状の認識」です。「およくき」はお子さん用には「泳いで行く木」です。むつかしいことを言っても仕方ない相手の場合は、「泳いで行く木」で良いのです。高度な抽象的な意味の理解が判るヒトには「小宇宙としての自分が及ぼしてゆくはたらき」の意味に説明しましょう。簡潔な言葉で、２段階に表しているのです。子供用、大人用の併用の表現方法です。素晴らしい知恵です。

「（ナカレキ）」と「（オヨクキ）」この対比についてもう一度良く考えてみましょう。

現状の認識の「（ナカレキ）」と、それを受けてどうしてゆくかの「（オヨクキ）」の対比です。今がこうある、そしてどうしてゆく？　この対比が、文章のそもそもの構造になっていました。だから、小宇宙としての自分の考えがまとまるのです。この「（に）のこころ」の文型があってこそのわが国語です。この貴さを、どう説明して良いのか、文章下手のわたくしにはコトバも見つかりません。とにかく、素晴らしいのがわが国語です。すばらしいヤマトコトハです。先土器時代から培われてきた長い長い文明の基礎があっての縄文文明です。わたくしたちの国語は、グローバルに見渡しても、秀逸の冠たるものです。

ギリシャ・ローマなどからすると寒い北極に近い周辺部族の文化に出来た文法が、米

←『カクのミハタ』の『アワウタのアヤ』ア-027から

ナカレキハ　ケリノオヨクキ
コトナラス　イカタトカモノ
ハシメヨリ　ヤマトコトハノ
ミチアキテ　タツナカツホノ
チマトヨリ　テニオハニツキ
ミチヒキテ　コトハツカヒモ

英独仏などの欧米文法です。それをもってして、わが大文明の国文法を鋳型に嵌め入れようとするのは無理なことでした。ギリシャ文法から、ローマ・ラテン文法になり、その他の周辺国の文法が形造られました。後で出来た、周辺国の文法は文明の湧き出る位置からは遠いものです。その周辺国の文法で、文明の沸き立つモノを計って規格を嵌め込もうとすると無理が生じます。文明が出来上がってから、規格が出来るのです。文明が出来上がる前には、規格はまだ作られてもいないのです。それはそうです、文明の定まる前には規格もないのです。まだ無い規格であるのに、後世の規格によっての当て嵌めは、後日の後追いのものです。言うなれば、単純に作り話のたぐいです。

文明の萌芽して出来てくるところでは、ワクワク・ドクドクと盛り上がって沸き立つのです。沸き立ってくるのが本当の文明です。沸き立つ際には、枠などないのです。嵌められないのが当たり前なことです。

漢字の渡来と国字化によって、大きく毀損されてしまったわが大文明です。その取り返しには、多大な努力と時間を必要とします。

『古事記』『日本書紀』の原書が、『ホツマツタヱ』であり、また『ミカサフミ』であるということを、ここ、50年来において表明し続けて、やっと、少しずつ世に理解を得てき始めました。まだまだの事で御座います。「直訳偽書の秀真伝(しゅうしんでん)」の人達がまだ多く居て偽書の「直訳偽書の秀真伝」を作って貶めています。本当は『古事記』『日本書紀』の原書のヲシテ文献なのです。「帝紀」であり「旧辞」である、極めて大切な文献です。そして、私たちの本当の「国字」のヲシテ文字です。

松本善之助先生は、ウタをお詠みになられていました。

ひのもとの　ヤマトのクニの
もとつふみ　仰ぎつつしみ
いただきて見る

せっかく松本善之助先生が『古事記』『日本書紀』の原書だと、現代発見と文献位置の認識をなさって下さったのに、「直訳偽書の秀真伝（しゅうしんでん）」のひどい人たちは、おとしめをするばかり。まだまだ、辛い日々は続きます。直訳の貶（おとし）めの人達には、どうかどうか、極めて深いご用心をして頂きたいとお願い申し上げます。

あとがき

『ホツマツタヱ』『ミカサフミ』などヲシテ文献の発見は今現在も続々と続きます。『ホツマツタヱ』などヲシテ文献の発見の歴史を眺めなおしてみましょう。

昭和41年（1966）に松本善之助先生が「奉呈本（ほうていほん）」（『ホツマツタヱ』序と3アヤ分）を発見なさいました。ここからすべて、ヲシテ文献の現代研究が始まりました。

昭和42年（1967）には、『ホツマツタヱ』（小笠原長弘（ながひろ）写本）の40アヤ全巻が発見されました。

昭和45年（1970）には、国立公文書館に保管されている内閣文庫本の『ホツマツタヱ』が発見されました。小笠原長武（ながたけ）写本の『ホツマツタヱ』後半と、『フトマニ』も発見されました。

昭和46年（1971）には、小笠原長武写本の『ホツマツタヱ』序と16アヤ分も発見されたのでした。これで、小笠原長武写本は40アヤ揃いの完本になりました。

昭和48年（1973）には、和仁估安聡（わにこやすとし）写本の『ミカサフミ』8アヤ分と、『フトマニ』が発見されました。

昭和55年（1980）には、奈良の溥泉（ふせん）さん伝来の『カクのミハタ』の『トシウチニナスコトのアヤ』の発見がありました。

平成4年（1992）和仁估安聡写本の『ホツマツタヱ』全巻が発見されました。

平成24年（2012）『カクのミハタ』の『アワウタのアヤ』が発見されました。

令和3年（2021）には、和仁估安聡写本の宇和島本の『ホツマツタヱ』『ミカサフミ』（8アヤ分）『フトマニ』が発見されました。ホヤホヤの初心出しです。所蔵家のご意向で貸し出し持ち出しを認めておられていません。保管を重要視なさいます意味で、良いご判断であると思います。そうですので、二次資料造りにも長い月日を要します。

発見も研究も啓蒙も、これからで御座います。発見だけでも、こうして長い月日を必要とします。社会に対するはたらきかけは、まだまだ本格化するのは先の事で御座います。漢字国字化で失った長い約1300年の年月のために、国字の見直しにもとても長い年月を必要とするのでしょう。

四国の合田静江さまには、拙い文章を直して下さいまして有り難いことで御座います。

みなさまのご長久を祈願いたします。

令和3年9月23日

池田満

池田　満（いけだ　みつる）
昭和30年、大阪生まれ。昭和47年松本善之助に師事する。
『古事記』『日本書紀』との比較。系図・年表などの基礎研究に没頭する。
主要著書：『定本ホツマツタヱ ー日本書記・古事記との対比ー』『校註ミカサフミ・フトマニ』『ホツマ辞典 改訂版』『ホツマツタヱを読み解く』『縄文人のこころを旅する』『ホツマ縄文日本のたから』『ホツマで読むヤマトタケ物語』展望社
『The world of Hotsuma Lagends』日本翻訳センター
『よみがえる日本語』の監修、明治書院

―「ヲシテ文献」「池田満」で御検索下さい―

ホツマ日本の歴史物語2
―建国の秘密―
令和三年十月二十日　初版第一刷発行
著　者　池田　満
発行者　日本ヲシテ研究所（ホツマ刊行会）
発行所　株式会社展望社
文京区小石川三・一・七　エコービル二〇二
電　話　東京（〇三）三八一四・一九九七
FAX　東京（〇三）三八一四・三〇六三
振替　〇〇一八〇・三・三九六二四八
印刷・製本　株式会社プリントパック

ISBN978-4-88546-410-2